고양이 육아 매뉴얼

NEKO WO KAU MAE NI YOMU HON
Copyright © 2017, Seibundo Shinkosha Publishing Co., Ltd.
Korean translation rights arranged with Seibundo Shinkosha Publishing Co., Ltd., Tokyo
through Japan UNI Agency, Inc., Tokyo and BC Agency, Seoul.

이 책의 한국어판 저작권은 BC에이전시를 통해 저작권자와 독점계약을 맺은 푸른행복에 있습니다.
저작권법에 의해 한국 내에서 보호를 받는 저작물이므로 무단전재와 복제를 금합니다.

고양이 육아 매뉴얼

초판인쇄 | 2023년 5월 19일
초판발행 | 2023년 5월 26일

지 은 이 | 도미타 소노코
감　　수 | 야마모토 소우신 (Tokyo Cat Specialists 원장)
옮 긴 이 | 박재현
펴 낸 이 | 고명흠
펴 낸 곳 | 랜딩북스

출판등록 | 2019년 5월 21일 제2019-000050호
주　　소 | 서울시 서대문구 세검정로1길 93, 벽산아파트 상가 A동 304호
전　　화 | (02)356-8402 / FAX (02)356-8404
E-MAIL | landingbooks@daum.net
홈페이지 | www.munyei.com

ISBN 979-11-91895-23-0 (13490)

※ 이 책의 내용을 저작권자의 허락없이 복제, 복사, 인용, 무단전재하는 행위는 법으로 금지되어 있습니다.
※ 잘못된 책은 바꾸어 드리겠습니다.

고양이 육아 매뉴얼

도미타 소노코 지음
야마모토 소우신 감수
박재현 옮김

랜딩북스

들어가는 글

내가 처음 고양이를 키우게 된 것은 초등학생 때였는데, 그 이전에 단 한 번도 동물을 키운 적이 없었다. 아마도 태어난 지 며칠 지나지 않았을, 눈도 채 뜨지 못한 새끼 고양이에게 나는 '럭키'라는 이름을 붙여주었다.

이 만남이 계기가 되어 내가 장차 수의사가 될 것이라고는, 더군다나 고양이 전문병원을 개원할 만큼 고양이에 깊이 빠지게 될 줄은, 당시에는 상상조차 하지 못했다.

다행히도 럭키는 무럭무럭 잘 자라주었지만, 고양이에 대해 전혀 몰랐던 나와 우리 가족은 새끼 고양이의 몸짓 하나하나에 허둥거렸다. 지금 돌이켜보면 잘못된 방법으로 럭키를 돌보기도 했다.

그 이후에도 몇 마리의 고양이를 더 키웠지만, 어느 고양이는 비만이 되기도 했고 어느 고양이는 외출 고양이가 되어 밖으로 돌아다녔다. 그때는 고양이를 올바르게 키우는 방법을 알지 못했기 때문이다.

분명 고양이는 키우기 쉬운 동물이다. 그러나 가구에 발톱을 갈아 자국을 남기는 등, 고양이를 키우는 동안에

몇 가지 문제와 맞닥뜨리게 된다. 고양이와 좋은 관계를 맺으며 함께 살아가기 위해서는 먼저 고양이에 대하여 아는 것이 중요하다.

이 책에는 고양이와 행복하게 살아가기 위해 알아야 할 핵심 사항들이 총망라되어 있다.

신비롭고 어딘가 묘한 동물, 고양이!
세상에 고양이 같은 동물은 또 없다.
고양이와의 생활은 행복으로 가득하다.
이 책이 앞으로 고양이를 키우려는 사람에게, 또 이미 고양이와 함께 살고 있는 사람에게 고양이와 행복한 나날을 보내는 데 도움이 되기를 바란다.

고양이 전문병원 Tokyo Cat Specialists 원장
야마모토 소우신

차례

들어가는 글   8

Part 1 🐾 고양이를 맞이하기 전에 Before You Have a Cat

고양이는 어떤 동물일까?   14
고양이가 좋아하는 사람은 따로 있다   20
고양이가 나이를 먹는 방법   24
어떤 고양이를 키울까?   27
어디서 고양이를 데려올까?   34

> 길고양이 데려오기 **34** 🐾 보호단체에서 분양받기 **40** 🐾 펫숍이나 브리더 찾아보기 **42**

고양이의 건강한 몸이란   44
어떤 용품이 필요할까?   46
고양이를 위한 방 꾸미기   52
고양이를 데려오는 첫날의 마음가짐   59
이런 문제가 있었다!   62
CAT'S STORY 나의 첫 새끼 고양이   66

Part 2 🐾 기본적인 고양이 돌보기 Basic Care for a Cat

식사에 대한 기초 지식   68
화장실 훈련   81

바디 케어 87

발톱 깎기 88 ● 빗질하기 89 ● 샴푸 91 ● 양치질 92 ● 턱 밑 93 ● 항문선 94

운동을 시키자 95
더위와 추위 대책 98
고양이를 집에 혼자 둘 때 101
집사라면 알아야 할 고양이 잡학 104
CAT'S STORY **내가 느낀 수고양이와 암고양이의 차이** 112

Part 3 🐾 이럴 땐 어떻게 할까? Handling the Unexpected

여행하고 싶을 때 114
집에 손님이 왔을 때 116
고양이가 장난칠 때 119

깨지면 안 되는 것 121 ● 올라가거나 들어가서는 안 되는 곳 122 ● 아무 데나 발톱갈이를 한다 124 ● 이른 아침, 밥 달라고 깨운다 126

아무 데나 볼일을 본다 128
고양이 여러 마리를 키우고 싶을 때 131
집사가 이사할 때 137
고양이가 집 밖으로 달아났다면 140
재해가 일어났을 때 146

고양이의 Before & After　　　　　　　　　　　150
CAT'S STORY 병든 고양이와 함께 산다는 것　　　152

Part 4 🐾 고양이의 건강을 지키자 Protect the Health of a Cat

일상적인 건강 체크　　　　　　　　　　　　154
고양이에게 위험한 음식과 식물　　　　　　　157
주치 수의사를 찾는다　　　　　　　　　　　164
동물병원에 고양이 데리고 가기　　　　　　　167
정기검진을 받자　　　　　　　　　　　　　170
바이러스 체크와 백신 접종　　　　　　　　　174
중성화수술에 대하여　　　　　　　　　　　181
약을 먹이는 방법　　　　　　　　　　　　　184

> 알약·캡슐약 **186** ● 액체약·가루약 **187** ● 안약 **187** ● 그 밖의 방법 **188**

고양이가 걸리기 쉬운 질병　　　　　　　　　190

> 감염증 **191** ● 피부병 **193** ● 순환기 **194** ● 비뇨기 **195** ● 내분비·외분비 **196** ● 소화기 **197** ● 귀 **199** ● 눈 **200** ● 코 **200** ● 입 **201** ● 악성 종양(암) **201**

Part 1. Before You Have a Cat

고양이를 맞이하기 전에

What kind of animal is a cat?
고양이는 어떤 동물일까?

고양이를 키우기 전에 먼저 고양이라는 동물에 대하여 속속들이 이해할 필요가 있다. 고양이의 습성이나 성격에 대하여 알아보자.

🐱 고양이는 작은 개가 아니다

반려동물로 개와 더불어 인기를 누리는 고양이. 그러나 그 습성이나 성격은 개와는 전혀 다르다. 개처럼 훈련시킬 수 없기 때문에, 고양이가 가지고 놀면 안 되는 물건은 치워두는 등 집사가 사전에 대책을 마련해두지 않으면 안 된다. 또 고양이는 높은 곳에도 가뿐히 뛰어오르기 때문에, 집 안도 거기에 맞추어 정리하지 않으면 안 된다. 고양이를 데려오기 전에 고양이가 어떤 동물인지를 알고서 맞이하는 것이 중요하다. 단지 귀엽다는 이유로 키운다면 양쪽 모두 불행한 결과를 맞이하게 될지도 모른다.

🐱 단독행동을 하는 동물

개는 본래 무리 생활을 하는 습성을 가지고 있지만, 고양이는 기본적으로 홀로 생활하는 동물이다. 야생에서는 새끼 때나 발정기를 제외하면 단독으로 생활한다. 따라서 무리 지어 생활하는 동물처럼 다른 친구들의 마음을 살피지 않는다. 그런 이유에서 '고양이는 제멋대로'라는 말을 듣게 되는 것이다. 집사에게 애교스럽게 응석을 부리다가도 갑자기 외면해버리는 고양이를 보며 '자유로이(또는 제멋대로) 살아가는 일'의 즐거움을 느낄 수 있다. 애당초 집사를 따를 마음이 없는 고양이를 가리켜 '고양이는 말을 듣지 않는다'고 화를 내는 것도 어불성설이다.

영역을 만드는 동물

고양이에게 가장 중요한 것은 '영역'이다. 영역이란, 야생에서는 사냥감을 확보하기 위해 필요한 것이다. 사람과 함께 생활하는 반려묘는 사냥할 필요가 없지만 '영역을 지키는' 습성은 여전히 남아 있다. 그래서 낯선 사람이나 낯선 고양이가 자신의 영역에 들어오면 경계를 하고, 영역이 바뀌는 '이사'를 힘들어한다.

▶ 116쪽 집에 손님이 왔을 때
▶ 131쪽 고양이 여러 마리를 키우고 싶을 때
▶ 137쪽 집사가 이사할 때

사냥하는 동물

야생에서 고양이는 쥐나 새처럼 작은 동물을 사냥하며 살아간다. 반려묘로서 식량 걱정을 할 필요가 없는 고양이도 본능적으로 '사냥 욕구'를 가지고 있으므로, 장난감을 이용하여 사냥하는 것과 비슷한 상황을 만들어줄 필요가 있다. 고양이는 지구력이 없어서 장난감 등으로 점프하게 하며 격렬하게 놀아주면 짧은 시간으로도 만족한다. 사냥 욕구가 채워지지 않은 고양이는 걷고 있는 집사의 다리에 느닷없이 달려들기도 한다.

→ 95쪽 운동을 시키자

뛰어난 신체 능력을 가진 동물

고양이는 예민한 청각과 동체시력을 비롯한 뛰어난 오감에 더하여 놀라운 신체 능력을 가지고 있다. 점프력은 그중 하나로, 고양이는 자기 키의 약 5배나 높은 곳까지 뛰어오를 수 있다. 서랍장 위나 냉장고 위에도 폴짝 뛰어

오르기 때문에 올라가면 안 되는 장소에 대하여 사전에 대책을 마련해두어야 한다. 지구력은 없지만 단시간에 엄청난 속도로 달릴 수 있는 것이 고양이의 특징이다. 흥분하면 벽을 이용하여 시속 50km 정도로 삼각 점프를 하기도 한다. 고양이의 지능은 1~2세 인간 아이의 지능 정도로, 높은 신체 능력을 가진 2세 어린아이쯤으로 생각하고 대하는 것이 좋다.

귀 Ear

개보다 뛰어난 청각을 가지고 있어 인간이 듣지 못하는 높은 주파수의 초음파도 들을 수 있다. 최고 6만 Hz까지 들을 수 있다고 한다.

수염 Whisker

긴 수염은 센서 같은 역할을 하고 무언가에 닿으면 민감하게 감지한다. 수염 같은 촉모(觸毛)는 사실 온몸에 분포해 있다.

입 Mouth

그루밍을 할 때 혀의 까끌까끌한 표면이 브러시 역할을 한다. 맛을 느끼는 방식도 인간과 다르고 필요로 하는 영양소도 다르다.

고양이의 신체 구조

코 Nose
개만큼 후각이 뛰어나지는 않지만 인간보다는 뛰어나다. 코끝이 촉촉한 이유는 공기 중의 냄새 성분을 파악하기 위해서이다.

눈 Eye
암흑 속에서도 사물을 볼 수 있고 뛰어난 동체시력을 가지고 있다. 밝은 곳에서는 동공이 가늘어지고 어두운 곳에서는 동그래져 눈으로 들어오는 빛의 양을 조절한다.

털 Coat
여러 가지 색깔과 무늬가 있다. 고양이는 그루밍을 하여 털을 늘 청결하게 유지한다. 집사가 브러시로 그루밍을 도와줄 수 있다.

발바닥 Pad
발바닥에는 부드러운 살집의 육지(肉趾)가 있어 소리를 내지 않고 걸을 수 있다. 흔히 '젤리'라고 불리는 육지는 앞발에 7개, 뒷발에 5개가 있다.

PART 1 · 고양이를 맞이하기 전에

Cats like these person
고양이가 좋아하는 사람은 따로 있다

"나는 고양이를 좋아하는데 고양이가 나를 좋아하지 않아." 그것은 자기도 모르는 사이에 고양이가 싫어하는 행동을 하기 때문일지 모른다. 고양이에게 사랑받는 비결을 알아보자.

여유롭고 조용한 사람을 좋아한다

자신이 사랑하는 고양이가 자신을 좋아하고 잘 따라준다면 얼마나 좋을까. 고양이도 자기가 좋아하는 사람과 지내는 게 더없이 행복할 것이다.

고양이에게 사랑받고 싶다면 먼저 고양이가 무엇을 싫어하는지 알아야 한다. '큰 소리나 큰 목소리', '급하고 빠른 동작', '물끄러미 응시하기', '집요하게 만지기'…. 이런 것들은 고양이가 정말로 싫어하는 것이다. '어머, 귀여워!' 하고 큰 소리로 말하면서 빤히 쳐다보고 달려와서 만지려고 하는 행동은 고양이가 가장 싫어하는 것이다. 좋아하는 고양이를 마주치면 자기도 모르게 이런 행동이 튀어나오기도 하지만, 고양이도 자신을 좋아하길 바란다면 조용하고 느긋하게 행동하는 것이 중요하다. 입장을 바꿔 생각해보자. 자신보다 10배나 큰 생물이 큰 소리를 내며 빠르게 움직이는 것과 온화하고 조용하며 느긋하게 움직이

일단 마음을 허락한 사람이라면 자기를 뚫어지게 바라봐도 고양이는 태연하다. 오히려 사람과 눈을 맞추려고 하는 고양이도 있다. 사람도 낯선 사람이 자기를 빤히 쳐다보면 '노려본다'고 느끼지만 친밀한 사람이 보는 것은 '애정'으로 받아들인다.

는 것 중 어느 쪽에서 더 안심하게 될까. 고양이는 동작이 격렬한 어린아이보다 느긋한 할머니를 좋아한다.

"매일 바쁜 생활에 치여 그런 느긋한 여유는 생각할 수 없어."라고 말하는 사람도 있을 것이다. 그렇다면 적어도 사료를 주거나 고양이를 대할 때만이라도 느긋하고 조용하게 행동해보자. 또한 고양이가 마음을 허락할 때까지는 만지거나 안으려고 시도하는 것을 삼가는 것이 좋다. 아직 경계하고 있는 고양이를 만지면 마음을 터놓을 시간은 자꾸만 멀어질 뿐이다. 일단 고양이가 집사에게 마음을 허락할 때까지 인내심을 가지고 기다린다. 집사 곁에서 그루밍을 하거나 잠을 자는 등 고양이가 스스로 다가온다면 집사에게 마음을 허락했다는 신호이다. 집게손가락을 고양이의 얼굴 앞으로 내밀어 고양이 방식으로 인사하는 것부터 시작하자.

당신이 내민 손가락에 코를 가까이 대는 것이 고양이의 인사 방법이다. 그렇게 해서 당신의 냄새를 확인하는 것이다. 고양이를 만지기 전에 반드시 인사하는 것이 예의이다.

How to grow old of cats

고양이가 나이를 먹는 방법

이제는 15년 넘게 사는 고양이도 적지 않다. 살아 있는 생명을 키우는 만큼, 마지막까지 책임감을 가지고 키워야 한다.

고양이가 무지개다리를 건널 때까지 책임져야

한 통계(펫푸드협회, 2016년)에 의하면, 집에서 보살핌을 받으며 지내는 고양이의 평균수명은 15.04세이고, 실내에서만 지내는 고양이는 이보다 오래 살아 15.81세에 이르는데 모두 5년 전보다 평균수명이 길어졌다. 집사는 15년 뒤에도 문제없이 잘 키울 수 있는지 자신의 건강이나 경제력 등을 고려하여 판단하지 않으면 안 된다. 자신이 없다면 본인이 키울 수 없게 되었을 경우에 대신 돌봐줄 수 있는 지인을 찾아둔다. 그것이 어렵다면 고양이 키우기는 포기해야 한다. 사람에게 길러지다가 유기된 고양이는 슬픈 운명을 맞이하는 일이 많기 때문이다.

고양이와 사람의 연령 비교

			성묘기			
고양이	01세	02세	03세	04세	05세	06세
사람	15세	24세	28세	32세	36세	40세

뿐만 아니라 동물보호관리법에도 반려동물이 죽을 때까지 책임감을 가지고 키워야 한다고 명기되어 있으며, 반려동물을 유기하는 것은 범죄임을 알아야 한다.

고양이의 장수 기록

현재 가장 오래 산 고양이로 기네스북에 오른 것은 미국 텍사스에 살던 '크림 퍼프(Creme Puff)'로, 그 기록은 무려 38세하고도 3일이나 된다! 38세라고 하면, 아래 표에 따르면 사람의 나이로 168세 정도이다. 놀라운 기록이다. 그 외에도 전 세계적으로 30세 이상의 기록을 가진 고양이들이 드문드문 있다. 일본에도 쇼와 시절 36세까지 살았던 '요모코'라는 이름의 고양이가 있어 신문이나 잡지, TV로 소개되기도 했다. 우리가 사랑하는 고양이도 오래오래 살아주면 좋겠다.

고양이는 사람보다 빨리 나이를 먹는다

고양이는 1년 만에 어엿한 어른이 된다. 고양이의 나이를 인간의 나이로 환산한 것이 아래 표이다. 대략 구분하면, 1세까지 자묘기, 1세부터 6세까지 성묘기, 7세 이상의

노묘기								
07세	08세	09세	10세	11세	12세	13세	14세	15세
44세	48세	52세	56세	60세	64세	68세	72세	76세

노묘기로 나눌 수 있다. 7세가 넘었다고 해서 갑자기 나이를 먹는 것은 아니지만, 사람으로 치면 마흔이 넘은 것이다. 이 시기가 되면 식생활을 다시 살펴봐야 한다. 아직 어려 보이는 고양이라도 식생활을 개선함으로써 이후의 건강수명을 연장시킬 수 있다. 집사의 눈에 고양이는 늘 귀여운 아이처럼 보이겠지만, 표에 제시된 연령에 맞추어 돌보아야 한다.

   조숙한 암컷은 생후 5개월, 수컷은 9개월에 첫 발정기를 맞이한다. 첫 발정기를 맞이하기 전에 불임·거세 등의 중성화수술을 하면 성 특유의 병에 노출되는 위험을 줄여주어, 오래 살거나 발정에 의한 문제 행동을 줄일 수 있다. 번식을 원치 않는다면 생후 4~6개월 즈음에 중성화수술을 고려해야 한다.

➔ 181쪽 중성화수술에 대하여

> **What kind of cat do you want to keep?**
> # 어떤 고양이를 키울까?
> 한마디로 '고양이'라고 말해도 수컷이나 암컷, 잡종이나 순종 등 선택지가 매우 다양하다. 어떤 고양이를 키우고 싶은지 머릿속에 그릴 수 있을까?

성격도 돌보는 방법도 제각기 달라

자신이 어떤 고양이를 키우고 싶은지 머릿속에 그려보자. 특정 체형이나 털 무늬에도 자신이 좋아하는 취향이 있을 테지만 그에 못지않게 성격도 중요하다. 그 고양이의 개성이 가장 강하게 나타나는 것이 성격인데, 성별이나 품종에 따라 어느 정도 경향성이 있다. 기본적으로 수컷은 중성화수술로 거세되면 언제나 새끼 고양이처럼 응석을 부리는 경향이 있고, 암컷은 의젓하고 도도한 경향이 있다.

순종, 예컨대 아메리칸 쇼트헤어는 활달하고 밝다, 스코티시폴드는 너글너글하다, 이렇듯 각각의 성격에는 어느 정도의 경향이 있다.

바디 케어는 단모종보다 장모종이 까다롭다. 부지런히 빗질을 해주지 않으면 털이 엉켜서 뭉치고 더러워져 샴푸를 해줘야 할 수도 있다. 그런 이유에서 처음 고양이를 키

성묘 Adult

새로운 집에 익숙해질 때까지 시간이 조금 걸리지만, 사람에게 익숙한 고양이라면 차분하게 생활할 수 있을 것이다. 나이 든 집사라면 오히려 성묘를 선택함으로써 반려묘가 죽을 때까지 돌봐야 하는 데 대한 책임을 덜 수도 있다.

자묘 Kitten

천진하고 새로운 환경에 쉽게 적응하는 반면에, 몸 상태가 쉽게 나빠지기도 하고 지나치게 활달하여 소란스러울 수도 있다. 지인이나 브리더에게서 새끼 고양이를 분양받는 경우에도 사회화기가 지난 뒤에 데려오는 것이 정서적으로 안정되어 고양이의 문제 행동을 줄일 수 있다.

우는 사람은 단모종의 고양이가 더 좋을지 모른다.

어떤 고양이가 좋을지 분명한 이미지를 떠올리지 못하는 사람은 고양이 카페에서 다양한 고양이를 만나보는 것도 한 가지 방법이다. 이론적으로야 어떻든지 '이 고양이가 좋다!' 하며 운명적으로 만나기도 한다. 유기묘 보호센터에서 그런 고양이를 만나 입양하는 경우도 많다.

사회화란?

다른 고양이나 사람과 우호적인 관계를 만들어갈 수 있는 능력을 길러주는 일을 '사회화'라고 한다. 아무한테나 위협적인 태도를 보이는 고양이는 '사회화가 되지 않은' 고양이다. 생후 2~7주가 '사회화기'로, 새끼 고양이는 이 시기에 다른 고양이나 사람과 접촉함으로써 우호적인 관계를 맺을 수 있다. 이 시기에 사람과 접촉하지 않은 고양이는 좀처럼 사람을 따르지 않고, 다른 고양이와 접촉하지 않은 고양이는 다른 고양이와 함께 생활하는 것이 힘들다. 사회화기에는 부모 고양이나 형제 고양이, 나아가 사람과 함께 지내는 것이 가장 좋다.

수컷 Male
중성화수술을 하고 나면 새끼 고양이처럼 늘 응석을 부리는 경향이 있다. 영역 의식이 강해서 마킹으로 오줌을 뿌리기도 한다. 체격은 암컷보다 크고 탄탄하다.

암컷 Female
자묘기가 지나면 의젓하고 도도한 성격으로 되는 경향이 있다. 마킹에 대한 걱정도 적어서 종합적으로 수컷보다 키우기 쉽다. 체격은 수컷보다 작고 부드럽다.

잡종 Mix

가장 많이 키우는 것이 길고양이 출신의 잡종 고양이이다. 털 무늬가 어떨지 성격적으로는 어떨지 전혀 예측할 수 없고 개성적인 털 무늬도 많다. 길고양이였다면 반드시 동물병원에 가서 기생충을 구제하고 감염증을 확인해야 한다.

순종 Purebred

털 무늬나 털의 색깔, 성격이 품종에 따라 어느 정도는 정해져 있다. 품종에 따라 걸리기 쉬운 병도 있으므로 사전에 반드시 확인한다.

Purebred Cat Mini Guide
순종 고양이 미니가이드

수많은 순종 중에서 일부를 소개한다.

아메리칸 쇼트헤어
American Shorthair

미국의 개척 시대에 사람과 함께 생활하며 쥐를 잡는 데 활약했던 고양이. 그만큼 체격이 좋고 활달하며 대범하고 늠름하다. 사진 속 고양이의 무늬는 가장 유명한 '실버 클래식 태비'이며, 여러 가지 털 색과 무늬가 있다.

노르웨이지안 포레스트캣
Norwegian Forest Cat

추위가 극심한 노르웨이의 숲에서 살아남기 위해 폭신폭신한 털가죽을 가진 품종. 몸집이 커서 다 자라는 데까지 5년이나 걸린다. 성격은 섬세하고 온화하며 조용하다.

스코티시폴드 Scottish Fold

처진 귀에 동그란 얼굴이 특징으로, 스코틀랜드에서 발견된 귀가 늘어진 고양이가 선조이다. 뒷다리를 앞으로 쭉 뻗고 마치 사람처럼 앉는 모습이 유명하다. 사실 귀가 처지는 비율은 30% 정도이며, 보통 고양이처럼 귀가 쫑긋한 스코티시폴드(일명 '스코티시 스트레이트')도 있다.

아비시니안 Abyssinian

광택이 있는 털가죽과 날렵한 몸매가 매력적인 품종. 고대 이집트의 조각이나 벽화에 아비시니안과 비슷한 고양이가 등장할 만큼 역사가 오래되었다. 호기심이 왕성하고 활발하다.

벵갈 Bengal

벵갈산고양이와 집고양이의 교잡종. 산고양이의 야성적인 반점 무늬가 매력적이다. 처음에는 야성적이고 거칠었지만 지금은 온화한 성격의 고양이가 많다.

엑조틱 쇼트헤어
Exotic Shorthair

페르시안 고양이에서 온, 납작코와 땅딸막한 체형을 가진 품종. 단순히 '귀엽다'기보다 '못생겼지만 귀여운' 것을 좋아하는 사람에게 딱 맞다. 느긋하고 온화하며 사람을 잘 따른다.

브리티시 쇼트헤어
British Shorthair

영국 토착 고양이로, 예전부터 존재했던 품종. 땅딸막하고 동그란 체형이 귀엽다. 성격은 차분하고 조용하다. 브리티시 블루로 불리는 회색 털이 인기가 많다.

Where do you get a cat from?
어디서 고양이를 데려올까?

어떤 고양이를 키우고 싶은지에 따라 데려오는 방법이 다르다.
비용 측면도 따져보고 어디에서 고양이를 데려올지 생각해보자.

방법 1
길고양이 데려오기

사실 가장 흔한 방법

　길고양이를 데려다 키우는 유형이 가장 흔하다. 우연히 길에서 고양이를 만나 집으로 데려오는 것이다. 이 유형에는 딱히 고양이를 키울 마음이 없었는데 어쩌다 보니 데려와 키우게 되었다는 사람들이 많이 있다. 물론 데려다 키우고 싶어도 고양이와의 우연한 만남이 없다면 성사될 수 없지만, 그때를 대비하여 지식을 갖추어두는 것이 좋겠다.

　길고양이는 건강해 보여도 여러 가지 질병을 가지고 있는 경우가 많으므로, 집으로 데려오면 우선 동물병원에 데리고 간다. 그리고 다음과 같이 보살핀다. 가능하다면 첫날 집에 들어가기 전에 먼저 병원에 데리고 가는 게 가장 좋다.

　길고양이처럼 보여도 사실은 다른 사람이 키우던 길 잃은 고양이인 경우도 있으니 주의해야 한다. 목걸이에 연락처가 있다면 연락한다. 목 뒤에 내장 칩이 삽입된 경우도 있으니 수의사에게 확인을 요청한다. 보호자가 집 나간 고양이를 찾기 위해 동물병원이나 보호센터, 유기묘 사이트 등에 글을 올리기도 하므로, 그것도 검색해보면 좋다.

▶ 164쪽 주치 수의사를 찾는다

① 기생충 구제를 한다

피부에는 벼룩이나 진드기, 귓속에는 귀진드기, 배 속에는 회충 같은 기생충이 있을 가능성도 있다. 고양이의

건강도 걱정이지만 집 안에 기생충이 번식하면 사람도 피해를 입게 된다. 목 뒤에 떨어뜨리는 스포이트 타입의 약이나 먹는 약으로 구제한다.

➲ 193쪽 외부 기생충증

➲ 197쪽 내부 기생충증

② 바이러스 검사를 한다

집에 이미 고양이가 있는 경우에는 새로 들이는 길고양이에게 감염증이 있는지 반드시 검사해야 한다. 고양이 백혈병 같은 심각한 감염증이 있다면, 집에 있는 고양이에게도 병이 전염될 수 있다. 집에 키우는 고양이가 없다면 당장 검사할 필요는 없으므로, 일단 차분히 안정을 취하고 나서 반드시 검사받도록 한다.

➲ 174쪽 바이러스 체크와 백신 접종

③ 건강검진을 한다

다친 곳은 없는지, 몸 상태는 나쁘지 않은지, 선천적인 장애는 없는지 등을 확인하기 위하여 종합적으로 건강검진을 한다. 필요에 따라서는 영양제나 수액을 맞히기도 한다. 만일 위중한 병이나 다친 곳이 있다면 회복할 수 있는지, 치료비는 얼마나 들지 수의사에게 물어서 확인한다. 집에서 약을 먹여야 하는 경우에는 투약 방법도 설명을 듣는다.

④ 연령 추정

새끼 고양이라면 시기에 따라 분유나 우유, 이유식, 건식 사료를 먹인다. 수의사에게 무엇을 먹이면 좋은지, 어떻게 보살피면 좋은지 조언을 구해도 좋다. 성묘도 건강관리를 위해 연령을 추정할 필요가 있는데, 치아를 보면 대략 그 연령을 짐작할 수 있다.

새끼 고양이를 맞이하는 경우

몇 시간마다 보살펴주어야 한다

갓 태어난 고양이는 몇 시간마다 전용 분유나 우유를 주고 배변 유도를 해주어야 한다. 직장에 나가는 사람은

펫숍에서 자묘용 우유를 구입해 젖병이나 주사기로 먹인다. 사람이 먹는 우유를 먹이면 배탈이 날 우려가 있기 때문에 좋지 않다. 너무 늦은 시각이라 고양이 전용 우유를 구할 수 없을 때는 한차례 끓여 식힌 우유를 임시로 먹여도 좋다.

갓난 새끼 고양이는 스스로 배설하지 못하여, 어미 고양이가 항문 주변을 핥아 자극을 주어야만 배변을 한다. 사람이 도와주어야 하는 경우에는 면이나 유아용 물티슈로 항문 주변을 가볍게 톡톡 두드려 자극을 준다.

그렇게 돌봐줄 수 없으니 동물병원에 입원시켜 보살핌을 받을 수 있는지 상담해본다. 집 근처에 고양이 보호단체가 있다면 상담해볼 수도 있다.

집에서 돌보려면 수의사에게 우유를 먹이는 방법이나 배변 유도 방법을 배워 오는 것이 좋다. 건강한 새끼 고양이는 젖병으로 우유를 먹일 수 있지만 너무 어린 새끼나 건강하지 않은 고양이는 바늘 없는 주사기(시린지)로 조금씩 흘려 넣어주어야 한다.

따뜻한 잠자리로 체온을 유지해야 한다

새끼 고양이는 항상 어미 고양이가 품어주어 스스로 체온을 유지하지 못한다. 어미가 없는 상태에서 새끼 고양이에게 가장 중요한 것은 체온을 유지해주는 것이다. 반려동물용 전기담요 등으로 어미의 체온에 맞춘 따뜻한 환경을 만들어준다. 체온이 떨어지면 새끼 고양이의 체력도 금세 떨어진다. 어미 고양이처럼 폭신하고 부드러운 감촉의 담요나 수건이 있으면 더욱 좋다. 상자 안에 전기담요를 넣어 따뜻한 잠자리를 만들어준다. 상자는 전기담요 크기에 딱 맞추기보다는 약간 큼지막한 것을 선택하여 새끼 고양이가 더울 때 피할 수 있는 곳도 마련해준다.

에어컨이 필요할 만큼 더울 때는 전기담요가 없어도 되지만 지나치게 서늘하지 않도록 담요 같은 것을 넣어 포근한 잠자리를 마련해준다.

성묘를 키우고 싶을 때

집에서의 생활에 익숙해질 때까지 끈기 있게 기다린다

다 큰 길고양이를 집으로 데려가 키우고 싶을 경우도 있을 것이다. 아장아장 걷는 새끼 고양이가 아니라 어느 정도 성장한 고양이를 포획하는 일은 어려우므로, 왼쪽 사진과 같은 포획기를 사용하는 방법도 고려해볼 수 있다.

성묘는 새끼보다 경계심이 강하기 때문에 집에서 생활하는 것이나 사람과 친해지기까지 시간이 걸린다. 바로 집 안에 풀어놓으면 좁고 구석진 곳에 숨어버려 보살피기가 힘들어지기 때문에, 낯선 집 안 환경에 익숙해질 때까지 케이

안에 넣어둔 먹이를 먹으려고 고양이가 들어가 나무판자를 밟으면 입구가 자동으로 닫히는 포획기

케이지 안에 고양이 화장실, 잠자리, 물과 사료를 넣어준다. 쓰다듬을 수 있을 만큼 익숙해지면 고양이를 케이지 밖으로 꺼내도 좋다.

지 안에 넣은 채로 돌봐주는 것이 좋다.

또한 길고양이라고 해도 동네 주민이 먹이를 주며 돌보던 고양이일 수도 있어, 그런 고양이를 집으로 데려올 때는 주변에 사정을 말해두는 것도 좋다.

방법 2 보호단체에서 분양받기

집사 모집 중인 고양이를 찾아본다

고양이 보호단체에서는 고양이를 돌봐줄 사람을 모집하고 있다. 인터넷으로 집사를 찾고 있는 고양이의 사진을 보거나, 실제로 고양이와 만나보고 결정할 수 있는 유기묘 카페도 늘어나고 있다. 이런 곳에서 고양이를 분양받는 것도 좋은 방법이다.

각 보호단체는 고양이 집사가 되기 위한 조건을 내세우고 있다. 그 조건은 단체에 따라 다른데, 혼자 사는 사람,

동거 중인 남녀, 60세 이상의 고령자에게는 고양이를 분양하지 않는 단체도 있다. 자신의 조건에 맞는 곳을 인터넷으로 찾아보자. 대부분의 단체가 ①고양이가 죽을 때까지 책임감을 가지고 키울 것, ②실내에서 키우며 정기적으로 건강검진을 할 것, ③불임·거세 수술을 시킬 것을 필요조건으로 꼽는다. 고양이를 키울 수 있는 적합한 환경인지 사전에 집을 방문하여 확인하는 단체도 있다.

고양이 보호단체에서 분양받을 때는 그 고양이에 들인 의료비 등의 비용을 부담하는 경우가 대부분이다. 금액은 각 단체마다 다르지만 대개 십여 만 원 정도이다. '길고양이를 데려오는 데도 돈이 든다'고 놀라는 사람도 있을지

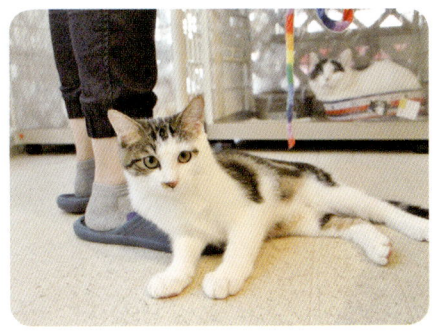

도쿄 오츠카와 니시코쿠분지에 있는 유기묘 보호소 '도쿄 캣 가디언'은 고양이 카페로 꾸며져 있다. 많은 고양이를 만나 쓰다듬고 놀아주면서 마음에 드는 고양이를 찾을 수 있다. 이용료를 지불해야 하지만 전액 기부된다. 이 같은 유기묘 카페를 이용하는 것만으로도 고양이 보호단체를 응원할 수 있다.
http://www.tokyocatguardian.org/

모르지만, 원래 반려동물을 돌보는 데는 돈이 들고 길고양이를 보호하는 활동에도 돈은 필요하다. 이런 곳에서 고양이를 분양받아 비용을 부담하는 것은 일종의 봉사활동이라고 할 수 있다.

방법 3
펫숍이나 브리더 찾아보기

품종 고양이를 키우고 싶을 때, 어디서 데려올까?

순종의 품종 고양이를 키우고 싶다면 펫숍이나 브리더에게서 분양받는다. 펫숍은 가장 손쉽게 고양이를 데려올 수 있는 곳인데, 충동구매는 절대로 해선 안 된다. 마지막까지 책임감을 가지고 키울 각오 없이 고양이를 맞이해서는 안 된다.

좋은 펫숍을 구분하는 것도 중요하다. 악질적인 펫숍에서 구입한 반려동물은 질병에 걸려 있거나 정서불안 같은 여러 문제를 가지고 있는 경우가 많기 때문이다. 가게 내부가 청결하고 냄새가 적고 운영자가 반려동물에 대한 지식이 풍부한 곳을 선택하자. 반려동물의 스트레스를 줄이기 위해 쇼케이스 안에 있는 시간을 정해두거나 격일로 넣어두는 곳은 양심적인 숍이다. 너무 어린 새끼 고양이나 강아지를 전시하는 펫숍은 특히 주의한다. 갓 태어난 새끼 고양이를 전시·판매하는 것은 동물보호관리법으로 금지되어 있다.

브리더의 경우는 사육 환경이 청결한지, 어미 고양이나

형제 고양이가 건강한지를 둘러보고 확인한다. 좋은 브리더라면 구매자의 가족 구성이나 사육 환경이 부적절하다고 판단되면 판매를 거절하기도 한다. 그만큼 고양이에 대하여 애정을 가지고 있는 것이다. 브리더와 신뢰 관계가 형성되면 고양이를 구입한 후에도 사육하는 데 있어 좋은 조언자가 되어줄 것이다.

애당초 둘러보고 싶다는 요청을 거절하는 브리더라면 피하는 것이 좋다. 또한 반려동물 취급업자로서 등록되어 있는지(개나 고양이를 판매하는 사람은 의무적으로 등록해야 한다) 여부도 확인한다. 등록된 반려동물 취급업자 목록을 홈페이지에 공개하는 지자체도 있다.

인터넷 판매는 이용하지 말 것

반려동물을 판매할 때는 실제로 구입하는 사람에게 직접 반려동물을 보여주고 키우는 방법이나 적절히 영양을 공급하고 돌보는 데 필요한 정보를 의무적으로 제공하도록 되어 있다(현물 확인, 대면 설명의 의무). 통신판매는 위법인 데다가, 악질적인 업자가 보낸 반려동물은 건강 면에서도 문제가 많아 분쟁이 끊이지 않고 있다. 고양이를 위해서라도 인터넷 판매는 이용하지 않는 것이 좋다.

Healthy cat body
고양이의 건강한 몸이란

고양이의 건강한 몸은 어떤 상태를 말하는 것일까? 건강한 고양이를 선택하기 위해서나, 키우기로 결정한 뒤의 건강관리를 위해서도 알아두어야 한다.

이상을 조기에 발견할 수 있도록

　길고양이나 유기묘는 고양이 감기 같은 증상을 보이기도 한다. 증상을 알아차리고 치료하기 위해서라도, 고양이의 건강한 상태란 어떤 상태인지 알아둘 필요가 있다.

　펫숍에서 사육되는 고양이도 증상이 나타나는 경우가 있으므로, 집사의 판별력이 중요하다. 손으로 만져보고 귓속이나 항문 주변도 반드시 확인한다.

털
건강한 고양이는 털에 광택이 있다. 비듬이 생기거나 털이 빠진다면 병이 있다는 증거이다. 발로 몸을 자주 긁는다면 벼룩이나 진드기가 있을 가능성이 있다.

항문 주변
항문 주변이 더럽다면 설사를 했다는 증거이다. 하얀 알 같은 게 붙어 있다면 기생충 알일지도 모른다. 항문 옆에 있는 분비선(항문선)에 이상이 생기면 악취가 난다.

눈

심하게 눈곱이 끼거나 눈물을 흘리고 충혈이 있다면 감염증을 의심할 수 있다. 순막(눈꺼풀 안쪽에 있는 흰 막)이 드러난 채 있어도 몸 상태가 나쁘다는 증거이다.

코

콧물을 흘린다면 감염증을 의심할 수 있다. 깨어 있는 상태에서도 콧등이 건조하다면 몸 상태가 좋지 않다는 신호이다.

귀

귀지가 있거나 귀에서 나쁜 냄새가 난다면 귀 진드기가 있을 가능성이 있다. 건강한 고양이의 귓속은 분홍색으로 더럽지 않다.

입

분홍빛에 다부진 잇몸은 건강한 상태. 구내염이나 치주병이 있다면 빨개진다. 침을 흘리는 것도 병이 있다는 증거이다.

Required goods you must get
어떤 용품이 필요할까?

고양이를 데려오기 전에 갖춰야 할 용품을 소개한다. 기능성이나 활용성을 비교하여 선택할 수 있다.

화장실과 이동장은 필수품

고양이를 데려오는 당일에 절대로 필요한 것은 화장실과 이동장이다. 그 외의 용품은 차츰 마련해도 좋다. 특히 화장실은 고양이의 건강을 지키고 방의 청결을 유지하기 위해서도 중요하다. 고양이는 화장실이 마음에 들지 않으면 사용하지 않으므로, 집사의 취향이 아닌 고양이의 취향을 우선으로 하여 선택해야 한다. 스크래처도 마찬가지다. 이들 용품은 종류가 많으므로 기능성이나 가격을 비교하여 선택한다. 다른 집사들은 어떤 것을 사용하고 있는지 참고해도 좋다.

잠자리나 장난감은 시중에 판매되는 제품을 구입할 수도 있지만, 집에 있는 재료들을 이용하여 직접 만들어보는 것도 즐거운 일이다.

꼭! 필요하다옹~

식기

사료와 물을 담을 용도로 준비한다. 잡균이 번식하지 않는 도기나 스테인리스 제품을 추천한다.

이동장

고양이를 집에 데려올 때는 물론, 병원을 오갈 때도 필요하다. 천으로 만들어진 것이나 어깨에 메는 타입 등 여러 형태의 이동장이 있다. 병원에 다닐 때는 169쪽에서 소개하는 하드커버 이동장이 좋다.

잠자리

고양이 전용 침대나 숨숨집을 마련해주면 안심하고 지낼 수 있다. 바구니나 상자에 담요를 깔아 잠자리를 만들어도 좋다. 방 한쪽 구석이나 서랍장 위처럼 높은 곳, 해가 잘 드는 장소에 놓아둔다.

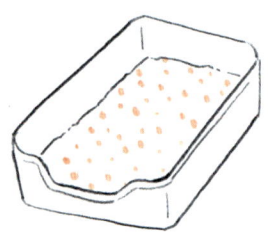

굳는 모래 타입의 화장실

고양이 오줌이 닿은 부분만 응고하는 모래를 사용하는 타입의 화장실. 굳이 전용 용기를 쓰지 않더라도 고양이가 들어갈 수 있는 크기의 것이라면 무엇이든 사용할 수 있다.

화장실

여러 타입이 있는데, 크게 '굳는 모래 타입'과 '시스템화장실'로 나눌 수 있다. 처음에는 굳는 모래 타입의 화장실에 진짜 모래처럼 고운 모래를 사용하면 실패할 확률이 적다.

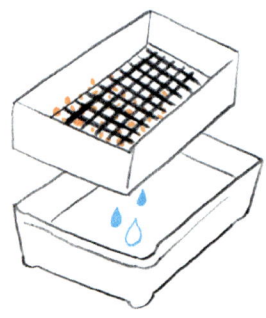

시스템화장실

이층 구조로, 위에는 굳지 않는 모래를 담아 고양이가 소변을 보면 발을 통과하여 아래에 있는 매트나 시트에 흡수되는 타입의 화장실.

고양이 모래

벤토나이트, 두부모래, 우드펠릿 등 다양한 종류가 있고, 응고력이나 냄새 흡수력에 차이가 있다. 고양이는 자기 마음에 들지 않으면 사용하지 않기에 고양이의 모습을 잘 살펴보고 선택한다.

장난감

고양이를 운동시키고 고양이와 교감하기 위해 필요하다. 기본은 깃털낚싯대. 고양이가 놀다가 깃털을 잡기도 하는데, 자칫 잘못하여 삼키지 않도록 주의한다. 장난감은 수납장에 넣어두었다가 놀이를 할 때만 꺼내어 사용하는 것이 안전하다.

→ 95쪽 운동을 시키자

미용용품

발톱깎이, 브러시, 칫솔, 고양이용 치약 등을 준비한다. 발톱깎이나 브러시는 다양한 종류가 있다. 고양이의 털이 어떤 타입인지에 맞추어 사용하기 편한 것을 선택한다.

→ 87쪽 바디 케어

목걸이 & 인식표

집에서 나갔다가 길을 잃어버렸을 때를 대비하여 보호자의 연락처가 적힌 인식표를 채운다. 몸속에 마이크로칩을 삽입했다 하더라도 목걸이와 인식표를 하는 것이 좋다. 내장형 마이크로칩은 기기를 이용해 조사하지 않는 한 길고양이와 구분되지 않는다.

케이지

필수품은 아니지만, 안에 화장실을 넣어 마음 편히 지낼 수 있도록 작은 방처럼 꾸며주거나 고양이가 새로운 환경에 적응할 때까지 안에 넣어 보살펴주면 좋다.

안전 목걸이란

어느 정도 힘이 가해지면 딸칵! 하고 저절로 벗겨지는 목걸이로, 집 밖에서 놀다가 나뭇가지에 목걸이가 걸린 채 꼼짝하지 못하거나 집 안에서도 커튼 줄에 걸려 목이 매달린 상태가 되는 것을 막아준다. 밖에서 목걸이가 벗겨지면 인식표도 같이 없어지지만, 고양이의 안전을 우선시하자는 생각에서 만들어진 목걸이다.

스크래처

고양이는 발톱을 가는 습관이 있다. 고양이가 기분 좋게 발톱을 갈 수 있는 스크래처가 있다면 벽이나 가구에 발톱 자국이 생기는 것을 막을 수 있다. 상자나 마끈, 나무 등 여러 가지 타입이 있다.

→ 124쪽 아무 데나 발톱갈이를 한다

Room setting for a cat

고양이를 위한 방 꾸미기

고양이의 입장에서 화장실을 놓을 장소나 밥 먹을 장소를 결정하자. 집에서 사고를 당하거나 밖으로 달아나는 것을 방지하기 위한 대책도 마련해둘 필요가 있다.

집 안에 있는 위험 요소를 없앤다

집 안에 고양이를 위한 용품을 배치하는 포인트는 54쪽처럼. 집에 갓 데려온 고양이는 경계심이 강해서 좁은 틈새로 들어가면 좀처럼 나오려고 하지 않는다. 냉장고 뒤처럼 사람의 손이 닿지 않는 곳에 들어가지 않도록 틈새를 수건 등으로 막아둔다. 집으로 데려오자마자 집 안 전체를 자유롭게 돌아다니도록 풀어놓기보다는, 먼저 방 하나로 공간을 제한하고 그곳에 적응하면 차츰 다른 구역으로 넓혀가는 방식을 권한다. 케이지 안에서 환경에 익숙해질 때까지 잘 돌보고 적응이 되면 케이지 문을 열어 고양이가 스스로 나오기를 기다리는 것도 좋다.

고양이에게 위험한 물건을 방 안에 방치해두고 있지는 않은지 확인한다. 유리병이나 압정 같은 것이 발에 찔리면 큰일이다. 담배나 재떨이, 사람이 먹는 약 등을 삼키면 목숨을 잃을 수도 있다. 특히 호기심이 왕성한 새끼 고양이는 아무거나 집어삼키기 쉬우므로 주의해야 한다. 또한 전깃줄을 씹으면 감전의 위험이 있기 때문에 가구 뒤쪽으로 숨기거나 안전하게 커버를 둘러 사고를 방지한다.

관엽식물이나 꽃 중에는 고양이가 먹으면 위험한 것이 많다. 고양이풀(캣그라스) 이외의 식물은 기본적으로 집 안에 두지 않는 것이 안전하다.

→ 157쪽 고양이에게 위험한 음식과 식물

새끼 고양이는 뜻밖의 틈새를 비집고 숨어 들어가 어디에 있는지 찾을 수 없게 되는 경우도 있다. 목걸이에 방울을 달아놓으면 그 소리로 어디에 있는지를 알 수 있다.

밥 먹는 장소는 화장실에서 멀리

 기본적으로 고양이는 배설하는 곳에서는 밥을 먹지 않는다. 위생적인 측면에서도 화장실과 밥 먹는 장소는 멀찍이 거리를 두는 것이 좋다. 야생에서는 밥 먹는 장소와 물 마시는 장소가 다르기에 밥 먹는 곳 외에도 고양이가 자주 오가는 곳에 물그릇을 마련해두면 좋다.

안심할 수 있는 잠자리를 마련한다

 자신의 냄새가 묻어 있는 잠자리가 있으면 안심한다. 특히 집에 처음 데려온 고양이를 위해, 그 고양이가 이제껏 사용해온 담요나 수건 등을 새 잠자리에 넣어주면 좋다.

캣타워 같은 수직 공간을 만들어준다

 고양이는 높은 곳을 오르내리는 운동을 할 필요가 하다. 시중에 판매되는 캣타워를 구입하여 설치하

거나 키가 큰 가구를 계단 형태로 배치하여 고양이가 높은 곳에 올라갈 수 있도록 한다. 고양이는 높은 곳에 있으면 안심한다. 더울 때는 차가운 바닥으로 내려오고 추울 때는 따뜻한 공기가 머무는 높은 곳으로 이동하기도 한다.

화장실은 안심할 수 있는 구석 자리에

고양이는 배설 중에 무방비 상태가 되기 때문에 안심할 수 없는 곳에서는 배설하지 않는다. 또한 겨울철 너무 추운 곳에 화장실이 있으면 배변을 참을 우려도 있다. 조용하고 안심할 수 있으며 온도도 쾌적한 곳에 화장실을 설치하고, 고양이가 지금까지 사용해온 화장실 모래를 넣어두면 새로 마련해준 화장실에서 볼일을 볼 성공 확률이 높아진다. 그 뒤에도 한동안 같은 종류의 모래를 사용하는 것이 좋다.

→ 81쪽 화장실 훈련

탈주를 철저히 막기 위한 대책을 마련한다

예전에는 집고양이가 자유로이 집 밖에 나가는 게 보통이었는데, 지금은 특히 사람들이 밀집하여 생활하는 도시에서 고양이를 놓아 키우면 이웃과 분쟁이 발생하는 원인이 된다. 그러므로 집고양이는 집 밖으로 내보내지 말고 집 안에서만 키우도록 노력해야 한다. 무엇보다 집 밖에는 많은 위험이 도사리고 있어, 교통사고를 당하거나 길을 잃을 수도 있다.

그 때문에 고양이가 집 밖으로 나가지 않도록 대책을 철저히 마련해야 한다. 고양이는 대개 현관이나 창을 통해 집 밖으로 나간다.

따라서 현관 안쪽에 철책이나 방묘문을 설치하여 이중구조로 만드는 것이 좋다. 이중문을 만들 수 없다면 문을 열 때 가방으로 발밑을 막아 고양이가 빠져나가지 못하도록 차단한다. 밤에 현관이 어두우면 고양이가 나가는 것을 미처 알아차리지 못하는 경우도 있으므로, 센서 등을 설치하여 고양이가 지나가면 환하게 등이 켜지도록 한다.

창문의 잠금장치는 잠가두는 것

외출할 때는 현관문 앞에 차단 울타리를 설치한다. 집에 돌아와서 문을 열었을 때, 발 아래로 고양이가 빠져나가는 사태를 막기 위한 대책이다.

고양이가 올라간 곳이 고양이의 무게를 견딜 수 있는지, 안전한지 등을 확인하고 올라가면 안 되는 위험한 곳에는 작은 물건을 빼곡하게 놓아 올라가지 못하게 한다.

이 좋다. 창문이 잠겨 있지 않으면 고양이가 앞발을 이용하여 열 수도 있다. 방충망도 앞발로 얼마든지 열 수 있기에 걸쇠를 이용하여 잠가둔다. 큰 소리에 놀란 고양이가 방충망을 뚫고 달아나기도 하므로, 반려동물용의 튼튼한 방묘창으로 설치하기를 권한다.

집 안에 설치된 미닫이문도 충분히 앞발로 열 수 있으므로, 걸쇠를 걸어 열리지 않게 하거나 전용 스토퍼로 막아둔다.

고양이가 베란다에서 기분 좋게 햇볕을 즐길 수 있도록 하고 싶다면, 베란다 전체에 반려동물용 전용망을 설치하여 탈주를 막는 방법도 있다. 개처럼 하네스(harness, 가슴줄)만으로 탈주를 막으려고 해도 고양이는 몸이 유연하여 가뿐히 벗어버리기 때문에 충분한 대책이라고 할 수 없다. 또한 고층에서 떨어지면 고양이라도 목숨을 잃는다.

고양이가 일단 집을 나가면 다시 돌아오지 못할 수도 있다. 그런 슬픈 결과를 마주하지 않도록 탈주 방지책을 철저히 마련해두자.

How to pick up on the first day
고양이를 데려오는 첫날의 마음가짐

고양이 용품을 준비하고 방을 꾸며놓았다면 이제 고양이를 집에 데려오는 일만 남았다. 고양이를 맞이하는 첫날에 가져야 할 마음가짐이나 요령에 대하여 생각해보자.

고양이는 낮에 데려온다

낯선 환경에 놓인 고양이는 갑자기 몸 상태가 나빠질 수 있다. 그러므로 동물병원이 문을 닫는 밤 시간보다는 밝은 낮에 데려오는 편이 안심이다. 만일의 사태를 대비하여 고양이를 데려갈 동물병원도 알아둔다.

고양이를 위해 준비한 방이나 케이지 안에 이동장을 넣고 고양이가 스스로 나오기를 기다린다.

이동 중에 고양이는 이동장에 넣는다. 이동장 안에 고양이가 사용하던 담요나 수건 같은 것을 같이 넣어주면 안심시킬 수 있다. 외부가 보이는 이동장이라면 낯선 광경에 고양이가 겁을 먹을 수 있으므로, 천이나 수건으로 덮어서 밖이 보이지 않도록 가린다. 이동 중 불안을 느끼고 울기도 할 테지만 절대 이동장을 열어서는 안 된다. 겁에 질린 고양이가 뛰쳐나가 달아나면 길을 잃을 수 있기 때문이다.

고양이의 경계심을 풀어주는 요령

집에 도착하면 방 한구석에 이동장을 놓고 덮개를 열어둔 채 그대로 둔다. 집사가 억지로 끌어내지 말고 고양이가 스스로 나오기를 기다리는 것이 중요하다. 겁먹은 고양이는 좀처럼 이동장에서 나오려고 하지 않는데, 억지로 끌어내다가는 집사에 대하여 나쁜 인상을 심어주게 된다. 가능한 한 고양이가 안심할 수 있는 조용한 환경을 만들어주고 기다리면, 얼마 지나지 않아 고양이는 '괜찮을 거야'라며 조심스럽게 밖으로 나올 것이다. 이동장에서 나와 소파 밑으로 숨어버릴지 모르지만, 그냥 내버려두자. 시끄럽게 하거나 고양이를 쳐다보거나 고양이를 자꾸 부르거나 하면 괜스레 고양이의 경계심을 부추길 뿐이니 관심이 없는 척 내버려두자. 그러나 고양이가 어떤 상태인지 파악할 필요가 있으니 냉정한 마음으로 관찰하면서도 지나치게 간섭하지는 않는다.

사료나 물을 마련해준다. 경계하다가 사람이 없을 때 사료를 먹기도 하니 잠시 다른 방에 가 있어도 좋다. 고양이가 시야에 들어오는 범위에 있으면서 짐짓 고양이에게 관심 없는 척 책을 읽거나 누워서 잠시 낮잠을 자는 것도 고양이의 경계심을 푸는 좋은 방법이다.

경계심이 조금 풀리면 고양이는 주변의 냄새를 맡기 시작한다. 고양이에게 장소(영역)의 확인은 가장 중요한 일이기 때문이다. 이때도 집사는 곁눈질로 지켜보기만 해야 한다. 만일 고양이가 당신 곁으로 오면 살며시 집게손가락을 내민다. 고양이가 손가락 끝에 코를 대고 냄새를 맡으면 고양이 인사가 끝난 것이다 (22쪽 참조).

고양이는 마음에 여유가 없으면 놀지 않는다. 집에 데려온 첫날부터 장난감을 들이밀며 놀자고 하는 것은 시기상조. 깃털 낚싯대를 흔들어 보여도 두려워할지 모르니 고양이가 어떤 상태인지 잘 살펴보고 판단한다.

고양이가 가구 뒤쪽 같은 데에 숨어버리면 돌볼 수가 없다. 꺼내기 어려운 곳으로 들어가지 않도록 미리 방을 정리해둔다.

이런 문제가 있었다!

고양이를 데려왔을 때 겪은 의외의 해프닝. 집사의 생생한 목소리로 들려준다.

길고양이를 데려오고 여름이 되니…

고양이에 대해 전혀 모르는 상태에서 길고양이 새끼를 집으로 데려와 키우기 시작했다. 봄에 집으로 데려와서 한동안은 문제없이 지냈는데, 여름이 되니 벼룩이 폭발적으로 발생한 것이다! 집 안 전체에 벼룩이 튀고 온몸이 벼룩에 물린 자국으로 가득했다. 고양이 몸에 붙어 있는 벼룩을 없애는 데는 약을 쓰면 되지만, 집 안 가득 퍼진 벼룩을 없애기 위해서는 대대적인 청소가 불가피했다. 집 안에 구충용 훈연제를 피우고, 고양이를 데리고 나와 공원에서 2시간을 보냈다. 벼룩이 얼마나 무서운 놈들인지 뼈저리게 알았다. 처음 새끼 고양이를 데려왔을 때 구충해야 한다는 사실을 알려주지 않은 수의사 선생님이 정말 원망스러웠다.

도쿄도, S씨

길고양이에게 있는 기생충은 사람에게도 피해를 주기 때문에 집 안으로 데리고 들어오기 전에 구충해주는 것이 가장 좋다. 펫숍에서 파는 구충약은 다소 약할 수 있으므로 동물병원에서 처방받은 것을 사용한다.

서랍장 아래로 숨어들어 반나절 동안 꼼짝하지 않아서…

　지인의 집에서 태어난 새끼 고양이를 분양받아 신이 났던 나는 집에 오자마자 새끼 고양이를 집 안에 풀어놨다. 그랬더니 서랍장 아래의 좁은 틈새로 들어간 채 꼼짝하지 않았다. 게다가 불안했는지 계속 울어댔다. 아무리 불러도 나오지 않았고 손도 닿지 않았다. 꺼내려고 할수록 오히려 안쪽으로 더 깊이 들어갔고, 더듬더듬 새끼 고양이를 찾는 내 손을 할퀴었다. 무거운 서랍장을 혼자 힘만으로는 도저히 움직일 수 없어 밤늦게까지 아빠가 돌아오기를 기다렸다. 간신히 서랍장을 치우고 새끼 고양이를 잡았을 때는 나도 고양이도 지쳐서 만신창이가 되어 있었다. 고양이는 무서웠던지 서랍장 뒤에서 오줌도 쌌다.

사이타마현, M씨

　특히 새끼 고양이는 전혀 생각지 못한 좁은 틈새에도 들어가기 때문에 집에 적응할 때까지는 들어가면 위험한 틈새는 수건 등으로 막거나 케이지에 넣은 채로 돌보야야 한다. 만일 이미 틈새로 들어가버렸다면 소란 피우지 말고 조용히 있는 편이 고양이가 경계심을 쉽게 풀고 밖으로 나올 가능성이 높다. 새끼 고양이라도 힘껏 물면 사람이 큰 상처를 입을 수 있으니 주의한다.

젖먹이 새끼를 주워와 한바탕 소동이…

어느 날, 집 밖에서 가냘픈 고양이 울음소리가 들렸다. 소리는 우리 집 창고에서 들려왔는데, 맙소사! 거기에는 갓 태어난 새끼 고양이가 있었다! 어미가 보이지 않아 새끼 고양이를 안고 다급히 근처 동물병원으로 달려갔다. 의사 선생님은 생후 2주 정도 된 새끼 고양이라고 했다. 몇 시간마다 우유를 먹이고 배변 유도를 해주어야 했기에 전혀 예정에 없던 고양이 집사의 생활이 시작되었다. 한밤중에도 자다가 일어나 우유를 먹여야 했기 때문에 힘들었지만, 젖병에 든 우유를 쪽쪽 빨아 먹는 모습이 너무 사랑스러워 온 힘을 다했다. 한때 새끼 고양이가 변비에 걸려서 의사 선생님과 상담한 뒤 무화과나무 관장약을 사용했다. 그때 똥을 보고 얼마나 기뻐했던지. 처음엔 새 집사를 찾아줄 생각이었는데 내 자식처럼 돌보다가 정이 들어서 우리 집에서 키우게 되었다. 젖먹이 고양이와 함께 사는 생활은 힘들었지만 보람이 있었다.

가나가와현, Y씨

새끼 고양이를 발견하자마자 동물병원에 곧장 데려간 것은 정말 현명했다. 무화과나무 관장약에는 글리세린이 들어 있어 장의 점막에 부담을 줄 우려가 있으므로, 젖먹이 새끼 고양이를 관장시킬 때는 38℃ 정도의 따뜻한 물을 스포이트로 주입하기를 권한다.

펫숍에서 데려온 고양이에게 병이 있다니!

집 근처 펫숍에 있는 아메리칸 쇼트헤어의 수컷 새끼를 보고는 남편과 상의하여 구입해서 사랑으로 돌봤다. 그런데 놀고 난 뒤에 입을 벌리고 쌕쌕 숨을 몰아쉬는 모습이 너무 마음에 걸려 병원에 갔다가, 선천성 심장질환이라는 진단을 받았다. 충격이었다. 펫숍에 이 사실을 이야기했더니, 일부 금액을 돌려주거나 원한다면 다른 고양이로 교환해주겠다고 말했다. 이 아이를 선택한 것을 결코 후회하지는 않지만, 펫숍에서는 건강한 고양이만을 판매한다고 믿었기에 놀라지 않을 수 없었다.

아이치현, N씨

소비자센터에 펫숍에 대한 이 같은 불만 사례가 다수 접수되고 있다. 펫숍은 반려동물의 건강 상태를 구입자에게 제대로 설명할 의무가 있지만, 충분히 설명하지 않는 곳도 있는 것이 사실이다. 데려온 뒤 곧바로 병에 걸려 죽은 경우에도, 사인인 병에 걸린 시기가 구입 전인지 후인지 분명하지 않은 경우가 많아서 펫숍에 비용을 요구하기 어려운 면이 있다. 반려동물을 구입할 때는 양심적인 펫숍을 선택할 수 있도록 사전에 충분히 살펴보아야 한다.

나의 첫 새끼 고양이

나와 고양이의 첫 만남은 초등학교 4학년 무렵이었다. 집 화분 안에 새끼 고양이가 있다고 할머니가 말해서 달려갔다. 거기에는 눈도 뜨지 못한 손바닥만 한 검은 무늬의 새끼 고양이가 오들오들 떨고 있었다. 언뜻 보기에도 너무 약해 보여서 황급히 집 안으로 안고 들어왔던 기억이 있다. 그러나 당시 나는 고양이에 대해 아는 것이 전혀 없었다. 어떻게 하면 좋을지 모른 채 무작정 동물병원으로 달려가서야 새끼 고양이가 갓 태어났다는 사실을 알았고, 우유 먹이는 방법과 배변 유도하는 방법을 배워 왔다. 그날 저녁에 학원을 갔지만 머릿속이 온통 고양이 걱정으로 가득해 수업에 전혀 집중할 수가 없었다.

새끼 고양이는 '럭키'라는 이름을 얻고 우리 집에서 지내게 되었다. 그 후 몇 주 동안은 매일매일이 자극적인 감동으로 가득했다. 럭키가 마시는 우유 양에 온 가족이 울고 웃었고, 럭키가 처음으로 혼자 볼일을 봤을 때는 가족 모두가 크게 칭찬해주었다. 어린 내가 이제까지 맛보지 못한 인상적인 경험으로, 럭키가 무럭무럭 자라는 모습을 보며 뿌듯함 같은 것도 느꼈다. 럭키는 고양이답게 부끄럼이 많아서 늘 끄트머리에 살며시 앉아 있고는 했다. 그런 점이 왠지 나랑 닮은 것 같아 고양이의 매력에 빠져들었다.

럭키와 만났을 때는 내가 장래에 수의사가 되고, 심지어 고양이 전문병원을 개원하게 될 정도로 온통 고양이로 가득한 인생을 보내리라고는 나는 물론 가족들도 상상조차 하지 못했다. 지금은 초등학생이 길에서 만난 고양이를 데려오면 옛날 내 모습이 떠올라 '어쩌면 이 아이도 수의사가 될지 모른다'고 생각하면서 치료해준다.

야마모토 소우신

Basic knowledge of cat's feed
식사에 대한 기초 지식

건강의 기본은 역시 식사이다. 고양이에게는 고양이 나름의 영양학이 있다. 올바른 지식을 가지고 고양이에게 맞는 식생활을 제공할 수 있도록 하자.

왜 고양이 전용 사료가 필요한가?

고양이는 본래 육식성 동물이며, 가장 많이 필요로 하는 영양소는 단백질이다. 염분은 소량만 있으면 충분하기 때문에 사람이 먹는 음식을 먹이면 소금을 과잉 섭취하게 된다. 체내에서 생성되지 않아 음식을 통해 섭취해야 하는 '필수 아미노산'은 사람의 경우에는 9종류인 것에 비하

타우린 결핍증이란?

고양이의 필수 아미노산 중 하나인 타우린. 사람과 개는 체내에서 타우린을 생성하는데 고양이는 그러지 못해 반드시 사료를 통해 섭취해야 한다. 타우린이 부족하면 눈에 장애가 나타나거나 심장질환을 일으키기도 한다. 고양이에게 종합영양식을 먹이면 타우린을 필요량만큼 섭취하게 할 수 있다.

여, 고양이는 11종류에 이른다. 이처럼 필요한 영양이 사람과는 확연히 다르기에 고양이에게 맞는 식사가 필요한 것이고, 이것을 충족시키는 것이 고양이 전용 사료이다.

물론 고기나 생선으로 직접 만들어서 주는 것도 나쁘지 않다. 그러나 전문 지식이 없으면 과부족이 없는 균형 잡힌 사료를 만들기가 쉽지 않다. 또한 고양이가 먹으면 위험한 음식을 주면 목숨이 위태로울 수도 있다.

➲ 157쪽 고양이에게 위험한 음식과 식물

주식은 종합영양식 전용 사료로

사료라고 해서 무엇이든 좋은 것은 아니다. 사실, 주식으로 적합한 것은 '종합영양식'이라고 표기되어 있는 전용 사료뿐이다. 먼저 상품 설명서를 확인한다. '부식'이나 '간식'이라고 표시된 것은 말 그대로 소량 먹이는 것을 전제로 하여 만들어진 것이다. 또한 조금 혼란스럽지만 '일반식'이라고 표기된 것도 마찬가지다. 종합영양식 이외의 것은 기호성이 높아서 고양이가 잘 먹겠지만, 1일 필요량의 20% 이내로 제한하는 것이 바람직하다. 많은 양을 주면 영양 균형이 깨진다. 특히, 습식 사료인 종합영양식은 의외로 그 수가 적으니 상품 설명서를 잘 확인해본다.

3대 영양소의 비율의 차이

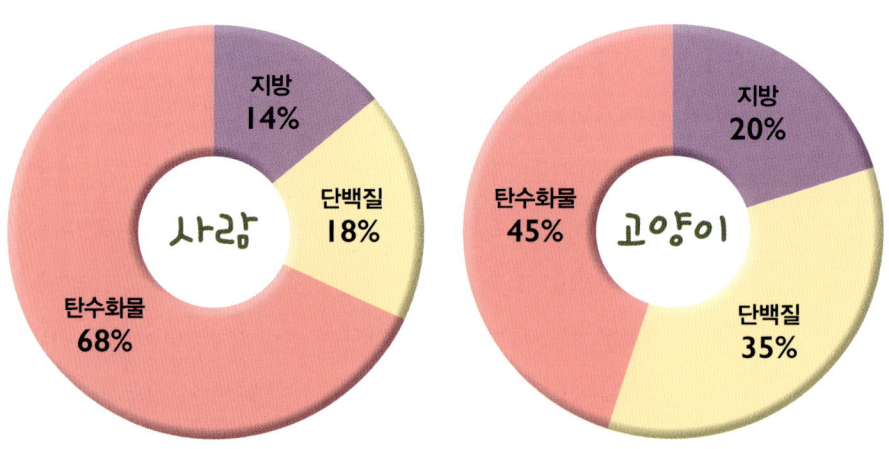

사람과 고양이의 평균적인 식사에 들어 있는 3대 영양소의 비율은 위와 같다. 고양이는 사람보다 더 많은 단백질을 필요로 한다. 사람과는 다른 몸과 식성을 가진 고양이에 맞는 식사를 준비하자.

내 고양이에게 딱 맞는 주식을 찾아라

종합영양식 사료에도 많은 종류가 있다. 많은 상품이 진열되어 있는 펫숍의 사료 더미 속에서 어느 것을 선택하면 좋을지 모르는 사람도 있을 것이다.

우선은 고양이의 연령에 맞춘 사료를 선택하는 것이 중요하다. 대부분의 브랜드에서 '자묘용', '성묘용', '노묘용'으로 연령별 사료를 출시하고 있다. 자묘용은 알갱이가 작고 소량을 섭취해도 많은 열량을 얻을 수 있으며, 노묘용은 노화방지 역할을 하는 비타민이 들어 있어 그 연령에 맞추어 주는 것이 좋다.

그 외에도 '실내 고양이용', '비만 고양이용', '헤어볼 예방용', '치석 예방용' 등 다양한 효과를 겨냥하는 사료가 나와 있다. 그래서 집사의 혼란을 가중시킨다. '실내에서 키우고 비만인 데다 헤어볼도 치석도 예방하고 싶다면 무엇이 좋을까?' 하고 고민하는 집사도 있을 것이다.

가장 좋은 방법은 가까운 동물병원에 가서 수의사와 상담하는 것이다. 식사는 건강을 관리하는 데 매우 중요하므로, 수의사도 흔쾌히 상담에 응하여 고양이의 건강 상태를 확인하고 적절한 조언을 해줄 것이다. 별생각 없이 '헤어볼 예방용과 치석 예방용을 반반씩 주는' 방법을 선택할 수도 있지만, 두 가지 효과를 발휘하기에 충분하지 않을지도 모른다. 모든 효과를 사료에서 얻으려고 하기보다는 빗질이나 양치질을 해주는 방법도 생각해보자.

건식 사료와 습식 사료

가능하다면 건식 사료와 습식 사료를 모두 먹이는 것이 바람직하다. 습식은 수분을 충분히 공급할 수 있다는 장점이 있고, 건식은 종류가 다양하며 보존하기 쉽다는 장점이 있다. 건식은 비교적 값이 싸고 가벼워 치료식을 먹어야 할 때나 재해가 일어났을 때에도 편리하다.

습식 사료는 기호성이 좋아서 잘 먹는 고양이가 많은데, 보통 주식으로는 건식 사료를 주고 이따금 간식으로 습식 사료를 주는 것이 좋다. 대식가라서 충분히 먹지 못

건식 사료 Dry food
수분 함량이 10% 이하로 웬만해서는 부패하지 않아 장기간 보존하기에 적합하다. 상품을 개봉한 뒤에도 적절한 환경에서 1개월 정도 보존이 가능하다. 치석이 잘 생기지 않는다는 장점도 있다.

습식 사료 Wet food
수분 함량이 75% 정도로 사료와 함께 수분을 공급할 수 있다는 장점이 있다. 수분이 많은 만큼 중량당 열량은 낮아 건식 사료보다 많은 양을 주어야 한다. 단, 부패하기 쉬워 온종일 놔두기에는 적합하지 않다.

하면 만족하지 않는 고양이에게는, 똑같은 열량을 공급하려면 습식 사료의 양을 늘려준다.

수분이 많은 습식 사료는 쉽게 부패한다는 단점이 있다. 특히 여름철에는 접시에 담아둔 채로 장시간 놓아두면 위험하다. 고양이가 먹다가 남긴 것은 냉장고에 넣어 보관한다. 단, 냉장고에 보관한다고 해도 개봉한 습식 사료는 하루 이내에 먹이도록 한다.

건식 사료는 좀처럼 부패하지 않는다. 하지만 일단 접시에 담으면 시간이 지나면서 풍미를 잃어 고양이가 먹지 않으려고 한다. 하루가 지나면 버리는 것이 좋다.

치료식이란?

특정 질병을 치료하기 위해 만든 사료로 수의사의 진단에 따라 먹이는 것이 기본이다. 최근에는 인터넷이나 마트에서도 쉽게 구입할 수 있는데, 집사 자신의 판단으로 주면 치료 효과를 얻지 못할 뿐 아니라 역효과가 날 우려도 있다. 여러 브랜드가 있으며, 고양이가 특정 회사의 것은 먹지 않지만 다른 회사의 것은 먹기도 한다.

적정량을 준다

당연한 말이지만, 너무 많이 주면 살이 찐다. 비만 고양이로 만들지 않도록 집사는 고양이의 적정 식사량을 알고 있어야 한다. 성묘의 필요 열량을 계산하는 방법은 75쪽과 같다. 사료마다 열량이 다르기 때문에 고양이에게 주는 사료의 양이 적정 열량이 되도록 무게를 측정하고 1일 급여량을 결정한다. 급여할 때마다 매번 무게를 재도 좋고, 1회 급여량에 맞추어 미리 나누어놓아도 좋다.

같은 양을 주더라도 체질에 따라 쉽게 살이 찔 수 있으므로, 정기적으로 체중을 측정하거나 수의사가 비만도를

특별 간식으로 생선살이나 익힌 닭가슴살을 주는 것도 나쁘지 않지만, 사람들이 식사하는 식탁 이외의 장소에서 주도록 한다. 식탁에서 먹는 버릇이 생기면 고양이에게 위험한 음식도 먹게 될 우려가 있기 때문이다.

확인하는 것도 중요하다. 만일 이미 비만이라면 아래 방법을 따르지 말고 적정 체중으로 계산해야 한다. 수의사와 상담하고 공급할 사료의 양을 결정한다.

비만 고양이는 왜 위험할까?

비만은 온갖 질병을 유발할 위험이 크다. 당뇨병에 걸릴 위험은 적정 체중의 고양이보다 약 4배나 높다. 관절에 부담을 주기 때문에 관절염에도 걸리기 쉽고, 방광염이나 피부병, 변비에 걸릴 가능성도 있다. 보기에는 통통하여 귀여울지 모르지만 고양이의 건강을 위해서는 적정 체중을 유지해야 한다.

이미 비만이 되어버린 고양이는 다이어트가 필요한데, 다이어트는 수의사와 상담하여 장기 계획으로 진행하는 것이 가장 바람직하다. 과격한 다이어트나 단식은 지방간이라는 질병을 부를 우려가 있으므로 절대 금물이다.

➡ 196쪽 당뇨병

➡ 198쪽 지방간

성묘의 필요 열량 (1일당)

$(체중kg\^0.75) \times 70kcal$

체중을 0.75 제곱하고 70을 곱하면 열량이 나온다. (전자계산기로 계산할 때는 '체중×체중×체중'의 뒤에 √를 2회 누르고 70을 곱한다.) 예를 들어 체중이 4kg인 고양이라면, (4^0.75)×70=약 198kcal가 1일 필요 열량이다. 100g당 400kcal의 열량은 내는 사료라면 약 49g이 적정 급여량이다. 이해하기 어렵다면 간단하게 '체중kg×60kcal'로 계산해도 좋다.

🐱 식사 횟수와 시간

　1일 식사량을 2~3회로 나누어 급여하는 게 좋다. 본래 고양이의 식습관은 여러 차례에 걸쳐 조금씩 먹는 것이다. 1일 적정량을 아침과 밤 2회 또는 아침·점심·저녁 3회로 나누어서 주면 된다. 1일 1회의 식사는 위장에 부담을 줄 수 있고, 공복 시간이 길어지는 것도 몸에는 그다지 좋지 않다. 다이어트 중인 고양이는 특히 조금씩 자주 먹이는 게 효과가 높고 다이어트에 대한 스트레스도 줄일 수 있다.

　단, 1마리를 키우는 경우에는 고양이가 먹고 싶을 때 먹을 수 있도록 건식 사료를 접시에 담아두어도 상관없다. 그러나 급여한 양을 한 번에 먹어치우는 고양이라면 나누어서 주는 것이 좋다.

식사는 늘 같은 시간에 준다. 고양이는 체내시계로 밥 먹는 시간을 기억한다. 식사는 고양이의 즐거움이기에 '이제 곧 밥 먹을 시간'이라는 기대를 저버리지 않도록 한다.

여러 마리의 고양이를 키우는 경우에는 먹보 고양이가 다른 고양이의 밥까지 가로채지 않도록 식사가 끝날 때까지 지켜보거나, 먹보 한 마리만 다른 방이나 케이지 안에서 먹이를 주는 등의 방법으로 각각의 고양이가 적정량을 먹을 수 있도록 한다.

고양이풀은 없어도 괜찮아

'고양이풀(캣그라스)'이라는 이름으로 시중에 판매되는 식물은 벼과의 귀리이다. 고양이풀을 좋아하는 고양이가 있는 반면 입에도 대지 않는 고양이도 있으므로, 먹지 않는다고 해서 억지로 먹일 필요는 없다. 고양이가 고양이풀을 먹는 이유는 밝혀지지 않았다. 풀잎이 위를 자극하여 헤어볼을 토할 수 있도록 돕는다거나 변비를 해소하기 위하여 식이섬유를 섭취한다는 설도 있지만, 진상은 알 수 없다.

집에 여러 마리의 고양이가 있다면 다른 고양이의 사료를 뺏어 먹는 고양이는 없는지 살펴본다. 사료를 가로채면 비만이 되거나 영양이 부족한 고양이가 생긴다.

물을 많이 마시게 한다

고양이가 물을 마시고 싶을 때 언제든지 마실 수 있도록 늘 신선한 물을 준비해둔다. 고양이는 원래 수분을 많이 필요로 하지 않는 동물이지만, 마시는 물의 양이 지나치게 적으면 만성 신장병이나 요석증 같은 비뇨기질환에 걸리기 쉽다. 이 때문에 여러 방법을 동원해서 물 마시는 양을 늘려줘야 고양이가 건강을 유지할 수 있다.

간단하게는 집 안 여러 곳에 물그릇을 놓아두는 방법이 있다. 고양이가 다니는 길목 여기저기에 물그릇을 놓아둔다. 빛이 반사되는 유리그릇이나 새로운 용기를 보면 흥미를 보이는 고양이도 있다. 고양이가 흐르는 물을 좋아한다면 자동 급수기를 설치하는 방법도 있다. 겨울철에는 미지근한 물을 좋아하는 고양이도 있다. 여름철에는 물에 얼음을 넣어주면 가지고 놀면서 물을 핥는 고양이도 있다.

그러나 집사가 아무 노력도 하지 않았는데 고양이가 물을 많이 마시게 되었다면, 그저 기뻐할 일만은 아니다. 질병으로 인하여 '다음다뇨(물 마시는 양과 소변량이 증가하는 증상)'가 되었을지도 모르니 동물병원에 가서 상담한다.

➡ 195쪽 비뇨기질환

고양이에게 경도가 높은 미네랄워터는 적합하지 않다. 미네랄이 요석증을 유발하는 원인이 되기 때문에 수분 공급은 수돗물로 해준다.

사료를 바꾸려면

건강상의 문제로 지금까지 먹어왔던 사료를 다른 것으로 바꾸려고 할 때는 서서히 단계를 밟아가는 게 좋다. 첫날에는 기존의 사료와 새로운 사료를 9:1의 비율로 섞어서 주고, 둘째 날에는 8:2의 비율로… 이런 식으로 새로운 사료의 비율을 조금씩 늘려간다. 이때 섭취하는 총열량이 적정하도록 계산한다.

고양이에게 새로운 사료를 먹이려고 아무리 애를 써도 끝끝내 외면하는 경우가 있다. 특히 고집이 센 고양이라면 배가 고파도 먹지 않으려고 한다. 병을 치료할 목적으로 하는 치료식이라면 며칠 시도해보고 바로 포기하지 말고 끈질기게 노력한다. 만약 새로운 사료를 먹고 토한다면 그것이 체질에 맞지 않기 때문일 수도 있다.

'여러 가지를 맛보이고 싶다'는 생각에서 주식을 자주 바꾸는 것은 그다지 바람직하지 않다. 기본적으로 고양이의 체질에 맞는다면 사료는 바꾸지 않는 것이 좋다. 먹는 즐거움을 맛보게 하고 싶다면 다른 맛이 나는 간식을 소량 주는 정도로도 충분하다.

➔ **189쪽** 치료식으로 바꾸는 방법

Potty-train a cat
화장실 훈련

고양이는 기본적으로 깨끗한 것을 좋아하는 동물이라서, 고양이에게 화장실 훈련을 시키는 것은 그리 어려운 일이 아니다.

고양이는 모래 위에 볼일을 보려고 한다

고양이는 본능적으로 모래 위에 배설하고 싶어 한다. 따라서 고양이 모래를 넣은 화장실을 준비해주면 보통은 '여기에 볼일을 봐야지' 하고 생각한다. 고양이가 생활하는 영역 안에 화장실을 마련해두기만 해도 대개 고양이가 알아서 사용한다. 자주 바닥 냄새를 맡는 것은 '배설하려는 신호'이므로, 고양이를 안아서 화장실 안에 넣어주면 사용하기 시작한다. 바닥에 배설했다면 소변을 닦은 종이나 대변을 화장실 안에 넣어 그 고양이의 냄새를 묻혀두면 이후에는 그 화장실을 사용하게 된다.

화장실 모래는 가능한 한 고운 모래를 사용하는 것이 좋다. 입자가

화장실 전용 용기가 아닌 보통의 플라스틱 용기를 사용해도 상관없다. 새끼 고양이라면 턱이 낮아 넘나들기 쉬운 것으로 준비한다.

지붕이 있는 화장실에는 들어가지 않으려고 하는 고양이도 있다. 지붕이 있는 것이라면 처음에는 지붕 없이 사용하는 것이 좋다.

크면 청소하기는 편하지만, 화장실 훈련이 이루어지는 시기에는 고운 모래를 사용하는 것이 좋다. 화장실 훈련이 끝나면 다른 모래로 바꿔도 괜찮다.

집으로 데려오기 이전의 환경에서 사용했던 모래가 있다면 받아 온다. 고양이에게 익숙하고 그 고양이의 냄새가 묻어 있는 모래라면 손쉽게 화장실 훈련을 할 수 있다.

화장실은 방 한쪽 구석의 고양이가 차분히 안심할 수 있는 곳에 마련한다. 사람이 자주 드나드는 입구 근처나 텔레비전 옆은 피하는 것이 좋다. 겨울철의 복도 한구석처럼 추운 곳에 화장실이 있으면 고양이가 화장실에 가는 것을 참기도 하여 방광염에 걸릴 수 있다. 온도가 쾌적한 곳에 마련해준다.

화장실은 늘 깨끗하게

고양이는 배설물로 더러워진 화장실을 사용하려 하지 않는다. 화장실이 더러운 채로 있으면 화장실 밖 바닥에 배설하거나 아예 배설 자체를 참다가 방광염에 걸리기도 한다. 따라서 화장실은 늘 깨끗하게 관리해주어야 한다. 가능하다면 고양이가 배설할 때마다 배설물을 치우는 게 이상적이지만, 적어도 아침저녁으로 두 번은 청소해주는 것이 좋다. 발로 걸러내는 시스템화장실 타입이라면 일주일 동안의 소변을 흡수하지만, 대변은 그때마다 치우지 않

으면 안 된다.

    용기 자체도 더러워지기 때문에 물티슈로 닦는 등 청결한 상태가 유지될 수 있도록 한다. 정기적으로 물로 닦아줄 필요도 있다.

    가능하다면 여러 개의 화장실을 설치해두는 것이 좋다. 그러면 더러워지는 빈도가 낮아진다. 특히 고양이를 여러 마리 키운다면 고양이 개체수보다 한 개 더 많은 화장실이 필요하다. 화장실의 개수가 적으면 약한 고양이가 강한 고양이를 멀리하여 배변 문제가 생기기도 한다.

    고양이가 여기저기에 배변 실수를 하는 데에는 분명 원

인이 있다. 배변 실수를 바로잡기 위해서는 반드시 그 원인을 찾아야 한다.

➔ 128쪽 아무 데나 볼일을 본다

➔ 195쪽 비뇨기질환

배설물로 건강 체크

매일 화장실을 청소하면서 고양이의 배설물이 어떤지 확인한다. 배설물은 건강을 판단할 수 있는 중요한 단서이기 때문이다. 특히 고양이는 요석증이나 방광염 등 비뇨기질환에 걸리기 쉬우므로 주의한다.

붉은 소변(혈뇨)이나 설사, 변비는 쉽게 알아볼 수 있다. 그 밖에도 화장실에 있는 시간이 길거나 배설 중 고통스러운 울음소리를 내거나 몇 번이고 반복하여 화장실에 들어가는 등 평소와 다른 모습에 주의한다. 소변 색의 짙은 정도나 결정이 섞여 있는지(요석증) 여부도 병을 알리는 신호이지만 전문가가 아니면 판별하기 어려우므로, 마음에 걸리는 것이 있으면 동물병원에 가서 소변검사를 받아본다. 하루 종일 한 번도 소변을 보지 않는다면

소변의 양이 지나치게 적거나 많은 것도 병일 수 있다. 소변이 닿으면 단단하게 굳는 타입의 모래는 굳은 덩어리의 크기로, 또 굳지 않는 타입의 모래는 아래의 매트나 시트에 스며든 크기로 대략적인 소변의 양을 확인할 수 있다.

요도폐색일 가능성이 있다. 급성 신장장애로 며칠 이내에 목숨을 잃을 수도 있으니 빨리 치료한다.

고양이가 여러 마리 있으면 어느 고양이의 배설물인지 알기 어려워 건강 체크가 쉽지 않다. 따라서 고양이가 화장실에 들어가는 모습을 보면 미루지 말고 그때마다 확인하는 것이 좋다.

Pet doctor's advice...

건강관리를 위해 정기적으로 동물병원에 가서 소변검사를 하면 숨어 있는 질환을 발견할 수도 있다. 집에서 배설물을 채취해 갈 수 있어, 고양이를 병원에 데려가지 않아도 되는 부담이 적은 검사이다. 단골 병원에 부탁하여 소변 채취용 스포이트를 받아 온다. 소변은 6ml, 대변은 새끼손가락 끝만큼만 있으면 된다. 배설한 지 1시간 이내의 것을 모래가 묻지 않게 채취하여 가져가는 요령이 있는지 주치 수의사에게 물어보자. 고양이를 병원에 데려가 병원에서 채취할 수도 있다.

바디 케어
Bodycare of cat

깨끗한 것을 좋아하는 고양이는 스스로 그루밍을 하는데, 건강하게 오래 살기 위해서는 집사가 바디 케어를 해주는 것도 필요하다.

좋은 이미지를 주기 위해서는

고양이가 바디 케어에 거부감을 갖지 않으려면 우선 사람의 손길이 닿는 데 익숙해져야 한다. 사람의 손길을 꺼리는 고양이는 제대로 관리해줄 수 없다. 억지로 고양이를 잡아서 하는 것은 금물이다. 바디 케어를 받는 것에 나쁜 이미지를 가지면 바디 케어가 더욱 어려워진다.

집사에게 바디 케어를 받는 것은 기분 좋은 일이라고 인식하도록 간식을 이용하는 것도 좋은 방법이다. 손으로 만진 뒤, 바디 케어가 끝난 뒤 특별 간식을 준다. 관리 시간은 가능한 한 짧게 하는 게 요령이다. 한 번에 발톱을 모조리 깎으려고 하기보다는 몇 번으로 나눠서 조금씩 깎는다.

새끼 고양이 시절인 사회화기(29쪽 참조)에 바디 케어에 익숙해지는 게 가장 좋지만, 성묘라도 충분히 시간을 들이면 익숙해질 수 있다. 끈기 있게 노력해보자.

발톱 깎기

사람도 다른 고양이도 상처 입지 않도록

날카로운 발톱은 사람은 물론이고 다른 고양이에게 상처를 입힐 가능성이 있어 정기적으로 잘라줘야 한다. 고양이가 발톱 깎는 데에 익숙해지려면 먼저 사람이 고양이의 발을 만지는 것에 익숙해지는 것부터 시작한다. 그런 뒤에 발바닥을 눌러 발톱이 나오면 한 개만 자르는 식으로 단계를 거친다.

고양이가 나이 들어 발톱을 가는 빈도가 줄어들면 발톱이 자라서 발바닥의 육지(젤리)를 찌를 수도 있다. 나이가 들어서 발톱 깎기에 익숙해지기보다는 어릴 때부터 익숙한 것이 더 낫다.

고양이의 발톱은 칼집 같은 구조라서, 발톱을 잘 라주면 바깥쪽의 칼집이 없어진다. 빨갛게 보이는 부분은 혈관이다. 너무 깊이 자르면 피가 날 수 있으므로 끝 쪽의 날카로운 부분만 자른다.

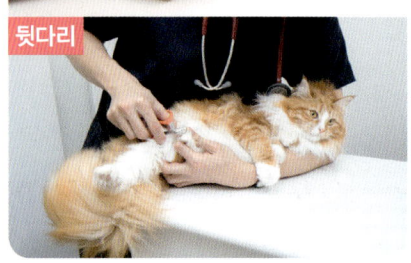

고양이용 발톱깎이에는 가위 타입 외에 길로틴 타입이 있다. 집사가 사용하기 쉽고 고양이가 싫어하지 않는 것을 선택한다. 도구를 바꾸면 발톱 깎는 것을 싫어하지 않게 되기도 한다. 사람용 손톱깎이로도 얼마든지 발톱을 깎아줄 수 있지만, 위아래로 누르듯이 자르면 발톱이 깨지기 때문에 주의해야 한다. 좌우로 눌러 자르는 게 정석이다.

안기는 것을 싫어하는 고양이는 누워 있을 때에 깎아주면 좀 더 쉽다. 도저히 발톱을 깎아줄 수 없다면 동물병원에 데리고 간다.

빗질하기

빠진 털을 제거하고 신진대사를 촉진시킨다

고양이는 스스로 그루밍을 하다가 빠진 털을 삼키게 되는데, 헤어볼을 토해내는 것은 부담스러운 일이라 헤어볼이 너무 커지면 몸속에서 염증을 일으켜 '모구증'이 되기도 한다. 고양이가 삼키는 털의 양을 줄이기 위해서라도, 방 안에 날리는 털을 줄이기 위해서라도 빗질을 자주 해주

는 것이 좋다. 특히 털이 엉키기 쉬운 장모종 고양이는 매일 빗질을 해준다. 단모종 고양이는 1주일에 1회 정도로도 충분하지만, 털갈이를 하는 봄가을에는 매일 빗어주는 것이 좋다.

빗질을 해주면 빠진 털을 제거할 뿐 아니라 피부의 신진대사를 촉진시키는 효과도 있다. 빗질할 때 몸에 이상은 없는지 확인한다.

◈ **197쪽** 모구증

장모종은 먼저 콤으로 엉킨 털을 풀어준 뒤에 슬리커로 온몸을 빗어주는 것이 일반적인 빗질 방법이다. 빗질하기 전에 정전기 방지를 위해 분무기로 가볍게 물을 뿌려주는 것이 좋다.

브러시의 종류

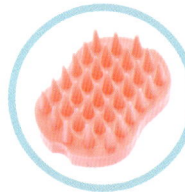

실리콘 브러시
고무 제품으로 털을 당기는 힘이 강하다. 단모종용. 장갑처럼 손에 끼고 쓰다듬듯이 사용하는 제품도 있다.

콤
엉킨 털을 풀어주는 데 최적이다. 장모종 고양이는 먼저 콤으로 엉킨 털을 풀어준다.

슬리커
가느다란 핀이 밀집되어 있는 브러시. 장모종용. 힘주어 빗으면 피부에 상처가 생길 수도 있다.

돼지털 브러시
털의 윤기를 높여주는 효과가 있다. 장모종은 물론 단모종에게도 좋다.

샴푸

장모종은 샴푸해도 좋다

단모종은 기본적으로 샴푸가 필요 없다. 하지만 장모종은 항문 주변이 쉽게 더러워지므로 빗질만으로 더러움을 없애기 어렵다면 샴푸를 사용해도 좋다.

단, 고양이는 물에 들어가는 것을 싫어하여 난폭해지기 때문에 힘든 일이 많다. 그런 경우에는 반려동물 미용실에 의뢰하는 것도 좋다. 집에서 샴푸하는 경우에는 반드시 고양이용 샴푸를 사용하고 욕조에 따끈한 물을 받아 스펀지로 문질러준다. 샤워기 소리를 무서워하는 고양이가 많다.

샴푸한 뒤 수건으로 꼼꼼히 닦고 드라이어로 말려준다. 젖은 채로 두면 감기에 걸리거나 피부 트러블이 생길 수도 있으니 주의한다. 겨울철에는 꼭 난방을 켜준다.

거즈를 사용하는 양치질.
입을 크게 벌릴 필요 없이
다문 채로도 할 수 있다.

양치질

치주병을 예방하기 위하여

고양이는 충치가 생기지는 않지만 치주병에는 걸린다. 이빨을 닦지 않으면 구취의 원인이 될 뿐 아니라 이빨이 아프면 잘 먹지 못해 오래 살기 어렵다. 조금씩이라도 좋으니 이빨 닦는 데 익숙해지게 한다. 처음에는 입안에 손가락을 넣는 것부터 시작한다. 이빨과 잇몸을 만질 수 있게 되면 다음에는 거즈로 이빨을 닦는 연습을 한다. 젖은 거즈를

고양이용으로 판매되는 칫솔 외에 아기용 칫솔이나 치간 칫솔도 이용할 수 있다. 바르기만 해도 효과가 있는 치약 페이스트도 있다.

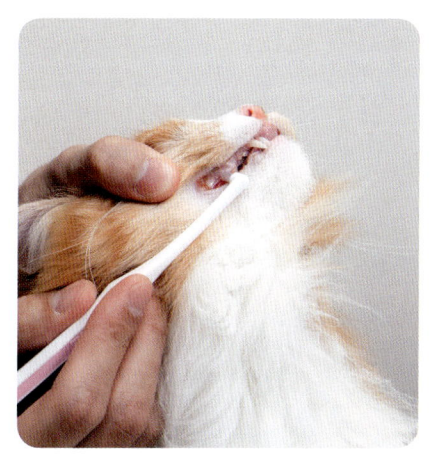

손가락에 감고 이빨을 문질러 닦는다. 최종적으로는 칫솔로 이빨을 닦는 것이 목표이다. 특히 치주병이 발생하기 쉬운 것은 송곳니나 어금니이다. 이빨 아래쪽을 문질러 치석을 제거한다. 주치 수의사에게 치석 제거를 받는 것도 좋다.

➲ 201쪽 치주병

턱 밑

고양이 여드름이 난다

고양이의 턱 밑에는 취선(냄새샘)이 있어 분비물이 쌓이기 쉽다. 게다가 밥을 먹을 때 더러워지기 쉬운 곳이기도 하여 까맣게 고양이 여드름이 나기도 하는데, 미지근한 물을 묻힌 천으로 닦아주면 없어진다.

마찬가지로 꼬리가 시작되는 등쪽 부분도 분비물로 끈적해진다. 부분적으로 샴푸하여 청결을 유지해주는 것이 좋다.

악화되어 염증이 생기면 동물병원에서 소독 등의 처치를 받는다.

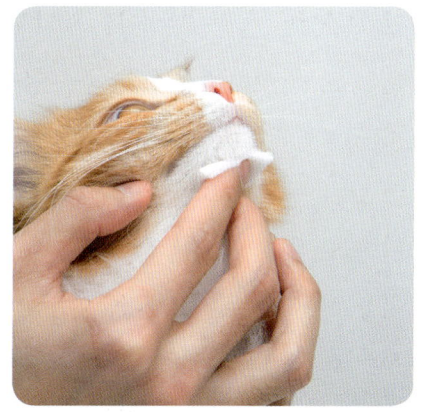

분비물로 끈적해지면 세균에 쉽게 감염되고 화농이 생기거나 탈모가 일어나기도 한다.

> **항문선**

분비물을 짜줄 필요도 있다

　항문 양옆에는 '항문선'이라고 불리는 분비선이 있다. 고양이의 몸속에는 분비물이 담긴 주머니가 있어 배변할 때마다 거기서 액이 나온다. 개체에 따라서는 분비액이 쉽게 쌓여 악취가 나거나 심하게 쌓이면 주머니가 파열되어 피부가 찢어지기도 한다. 그럴 위험이 있는 고양이는 정기적으로 항문낭을 짜줄 필요가 있다. 항문낭을 짜줘야 하는 고양이인지 판단하기 위해서는 수의사의 진단이 있어야 한다. 항문의 양옆을 잡고 항문낭을 짜면 되는데, 요령이 필요하고 고양이도 아파서 난폭해질 수 있으므로 자신이 없다면 수의사나 동물미용사 등 프로에게 맡기는 게 좋을 것이다.

➡ **197쪽** 항문낭염

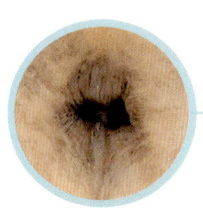

검은 돌기는 분비물이 바깥으로 나와서 굳은 것. 짜낸 분비물은 강한 냄새가 난다.

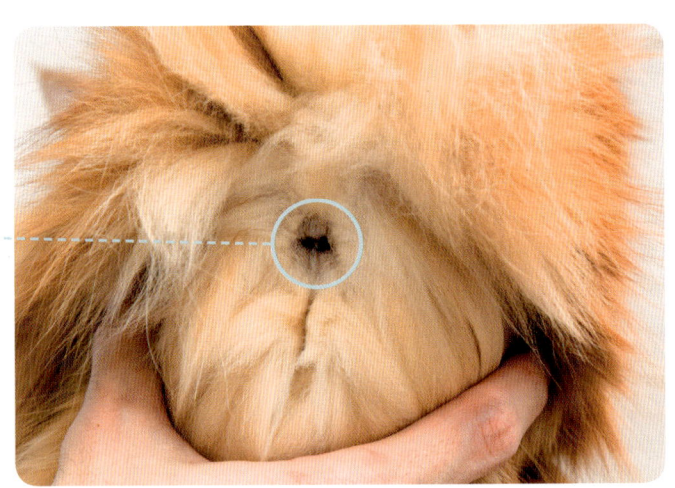

Let's exercise a cat

운동을 시키자

실내에서 키우는 고양이는 운동부족이 되기 쉽다. 건강을 위해서라도, 적당한 자극을 주기 위해서라도, 교감을 나누기 위해서라도 고양이와 놀아주자.

사냥 본능을 충족시키기 위해

고양이는 본래 사냥하는 동물이다. 식량이 풍부한 집고양이도 식욕과 별개로 사냥 욕구가 있다. 사냥 욕구가 채워지지 않는 한 고양이는 욕구불만 상태에 있게 된다. 따라서 고양이에게는 놀이가 반드시 필요하다. 깃털 낚싯대

손으로 놀아주는 습관을 들이면 안 된다. '손을 물거나 달려와 매달려도 된다'고 생각하게 된다. 반드시 장난감을 가지고 놀아주자.

나 공으로 '포획의 기쁨'을 맛보게 하자. 15분 정도 격하게 놀아주면 고양이는 만족한다. 점프를 시키거나 캣타워 위쪽으로 유도하여 체력을 쓰게 한다.

   늘 꺼내져 있는 장난감보다 놀이 시간에 꺼낸 장난감에 관심을 가진다. 싫증을 느낀 장난감은 베란다에 놓아 '바깥 냄새'를 묻히는 것도 효과적이다. 바닥에 천을 깔고 그 아래에서 깃털 낚싯대를 움직이거나 슬쩍 보였다가 숨기는 놀이도 아주 좋아한다. 마지막에는 장난감을 잡게 하여 만족감을 느끼게 한다.

   고양이와 놀아줄 시간이 없다면 종이를 동그랗게 말아

공처럼 굴리게만 해도 충분하다. 저절로 움직이는 장난감을 이용할 수도 있다.

고양이는 야행성이라서 한밤중에 갑자기 생기발랄해져 마구 뛰어다니기도 한다. 낮에 다 발산하지 못한 에너지가 폭발하는 것인데, 이때 가장 빠르게 진정시키는 비결은 '놀아주는 것'이다. 깃털 낚싯대를 이용하여 연거푸 높이 점프하게 하면 금세 지쳐 조용해진다.

장난감을 삼키지 않도록 주의한다

부분적으로 떨어지기 쉬운 장난감, 삼킬 만한 크기의 장난감은 오식(誤食, 이물질 등을 잘못 먹는 일)의 원인이 된다. 대변으로 나오면 문제될 게 없지만, 위장에 막히면 개복수술을 해야 할 수도 있다. 오식할 위험이 있는 장난감은 아예 주지 않는다. 만일 오식한 사실을 알았다면 가능한 한 빨리 동물병원으로 간다. 오식한 직후라면 토하게 할 수도 있다. 이때 남은 장난감 조각이 있다면 병원에 가져가서 진찰하는 데 도움을 줄 수 있다.

Take measures against heat & cold

더위와 추위 대책

여름철 더위도 겨울철 추위도 고양이에게는 매우 가혹한 환경이다. 몸 상태가 나빠져 병에 걸리지 않도록 대책을 마련하자.

🐱 일 년 내내 쾌적한 온도로

사람도 그렇지만 추울 때는 담요를 덮거나 하여 어떻게든 지낼 수 있다. 하지만 더위는 옷 같은 것을 조절하는 것만으로는 해결할 수가 없다. 열사병에 걸리면 목숨을 잃을 수도 있다. 더운 날에는 에어컨을 켜서 쾌적한 실내

반려동물용 히터

표면온도가 약 38℃이고 내부온도가 약 28℃인 상태를 유지하는 전기담요. 고양이의 건강 상태나 기후에 맞추어 적절한 온도를 선택할 수 있다. 코드는 보호 커버가 있는 것이 좋다.

쿨 용품

여름철 더위 대책으로 시원한 촉감의 잠자리를 준비한다. 사진 속 상품은 알루미늄의 광전도 효과로 체온을 낮추어주는 효과가 있다.

온도를 유지해주어야 한다. 선풍기로 피부의 땀을 날려 체온을 낮추는 방법은 땀을 흘리지 않는 고양이에게는 효과가 없다. 창문을 여는 것은 외부온도가 실내보다 낮을 때에나 의미가 있지, 폭염이 있는 날에는 무의미한 데다가 고양이가 집 밖으로 나가버릴 위험도 있다.

쿨매트 같은 용품을 사용하면 좋다. 물을 마시면 체온이 내려가므로, 마실 물도 빠뜨리지 않고 챙긴다. 여름철에는 물이 상하기 쉽기 때문에 아침저녁으로 신선한 물로 바꾸어준다.

겨울철에는 웅크리고 앉아 있을 잠자리를 마련해주거

나 반려동물용 히터를 이용하는 것도 좋다. 또한 겨울철에는 고양이가 마시는 물의 양이 줄고 화장실에 가는 것을 꺼리기 때문에 비뇨기질환에 걸리기 쉽다. 따라서 화장실을 가능한 한 따뜻한 곳에 마련해두고 습식 사료를 주어 수분을 다량 섭취할 수 있게 하여 질환을 예방한다. 가습을 해주는 것도 감염증을 예방하는 한 방법이다.

→ 191쪽 감염증

→ 195쪽 비뇨기질환

Pet doctor's advice...

여름철에 입을 벌리고 헉헉거리며 숨을 쉬거나 체온이 40℃를 넘어 지쳐 있다면 열사병일 가능성이 크다. 당장 동물병원에 데리고 가야 하지만, 서둘러 조금이라도 체온을 낮춰줄 필요가 있다.

고양이를 냉방이 잘되어 있는 방으로 데려가고, 고양이의 겨드랑이나 목에 차가운 수건을 두르며, 세면기에 물을 받아 고양이를 목 아래까지 담그면 좋은데, 고양이의 상태에 따라 응급처치 방법이 다르기 때문에 주치 수의사에게 전화를 걸어 지시에 따르도록 한다. 병원으로 이동하는 중에도 보냉팩을 목에 둘러 체온을 낮춰준다.

열사병으로 목숨을 잃을 수도 있다. 여름철에 닫힌 방 안이나 차 안은 고온이 되기 때문에 더위 대책을 절대 잊어서는 안 된다.

How to stay at home only cat
고양이를 집에 혼자 둘 때

집에 고양이만 두고 외출할 때 주의해야 할 점에 대하여 짚어본다. 단, 외박하는 경우에는 114쪽을 참고하자.

쾌적한 방이라면 걱정할 필요 없다

쾌적한 실온에 마실 물이 준비되어 있고 아침저녁 식사 시간에 영향이 없다면 고양이만 두고 외출해도 전혀 문제 될 것이 없다. 몇 시간마다 돌봐주어야 하는 새끼 고양이가 아니라면. 물론 집에 혼자 두었다가 집 밖으로 나가지

자동 급식기

분 단위로 시간을 설정할 수 있고 5g씩 급여량을 설정할 수 있는 자동 급식기. 대형 패널로 조작이 간편하다.

CCTV

집 밖에서도 스마트폰으로 고양이의 모습을 확인할 수 있다. 스마트폰으로 고양이에게 말을 건네거나 카메라에 달린 레이저 포인터를 움직여 놀아 줄 수도 있다.

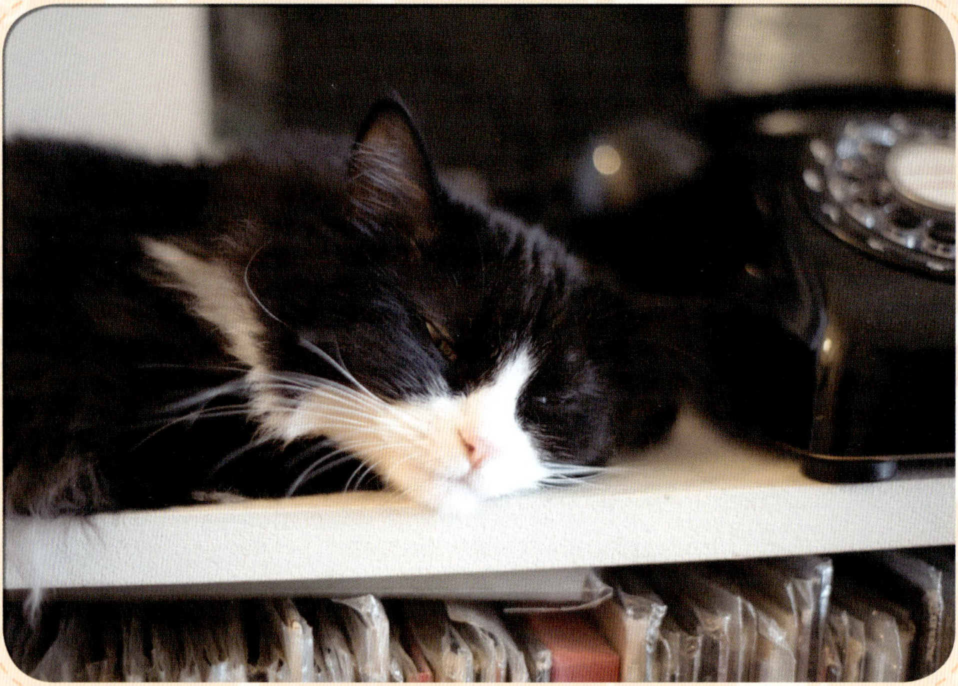

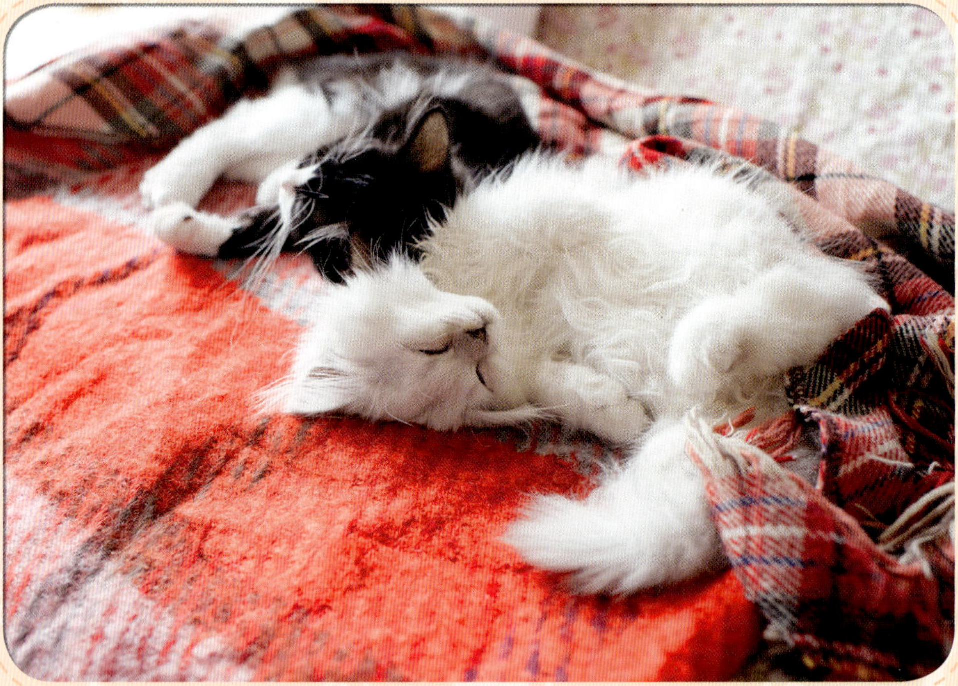

않게 탈주 방지책을 마련하고 방 안에 위험한 물건을 방치하지 않는 것은 기본이다.

"내가 없어서 쓸쓸하지는 않을까?" 하고 걱정할 필요는 없다. 고양이는 자기 나름의 방식으로 시간을 보내는데, 대개는 잠을 잔다. 그래도 걱정된다면 CCTV를 설치하는 방법도 있다. 집 밖에서도 고양이가 잘 있는지 스마트폰으로 확인할 수 있으며, 방범도 된다.

평소 고양이에게 밥 주는 시간까지 귀가하지 못하는 날도 있을 것이다. 때로는 몇 시간쯤 고양이를 기다리게 할 수도 있겠지만, 만일 걱정된다면 자동 급식기를 사용하는 방법도 있다. 미리 설정해둔 시간에 설정해둔 양을 고양이에게 급여할 수 있다. 단, 고양이가 여러 마리 있을 때는 각 개체마다 적정량을 나누어줄 수가 없다. 그럴 때는 지인이나 펫숍에 맡기는 것이 좋다.(114쪽 참조)

➲ 52쪽 고양이를 위한 방 꾸미기

➲ 98쪽 더위와 추위 대책

➲ 114쪽 여행하고 싶을 때

집사라면 알아야 할 고양이 잡학

고양이 돌보기에 대한 이야기는 잠시 멈추고, 여기서는 고양이에 대한 재미있는 잡학 지식을 소개한다. 고양이의 생태는 매우 신비롭다.

고롱고롱, 목에서 나는 소리는 어미와의 통신수단

만족감을 느낄 때 고양이는 고롱고롱 하며 목을 울리는 소리를 낸다. 이 소리는 새끼 때 어미젖을 먹으면서 내던 것이다. 이 소리를 냄으로써 '만족스러워요~♡' 하고 어미 고양이에게 전한다. 젖을 먹으면서도 낼 수 있는 편리한 소리로, 어미는 새끼의 고롱고롱 소리를 듣고 '내 새끼가 무사히 잘 자라고 있다'고 생각한다.

성장하면서 내는 고롱고롱 소리는 다채로운 용도로 쓰인다. 응석을 부리면서 고롱고롱 하거나 배가 고파도 울면서 고롱고롱 소리를 낸다. 몸이 안 좋을 때도 고롱고롱 소리를 내는데, 일설에 의하면 그 소리의 진동에 치유 능력이 있다고 한다.

초음파로 교신하고 있을지도

고양이는 사람의 귀에는 들리지 않는 높은 소리(초음파)를 들을 수 있다. 사람이 들을 수 있는 주파수는 최고 2만 Hz 정도까지인데, 고양이는 6만 Hz까지 들을 수 있다. 들을 수 있기만 한 것이 아니라 초음파 소리를 낼 수도 있다고 한다. 새끼가 어미를 부를 때 초음파 울음소리를 내거나, 고양이가 입을 벌린 채 울고 있는데 소리가 나지 않는 것을 본 적이 있는가? 만일 그렇다면 그때 사람에게는 들리지 않는 높은 소리로 울고 있을지도 모른다.

빨간색은 잘 보지 못한다

고양이는 암흑 속에서도 사물을 볼 수 있고 동체시력도 뛰어난 반면, 색채는 잘 보지 못한다. 고양이는 색채를 감지하는 세포가 사람의 5분의 1밖에 되지 않아 사람이 선명히 보는 배경을 흐릿한 배경으로밖에 보지 못한다. 또한 빨간색을 거의 인식하지 못해서 회색에 가까운 색으로 본다. 따라서 선명한 색상의 알록달록한 장난감을 선택해도 고양이에게는 그다지 의미가 없다.

삼색 털 고양이는 기본적으로 암컷

    삼색 털 고양이는 기본적으로 암컷이다. 삼색 털 고양이는 '새침데기에 성격이 강하고 자존심이 센' 아이가 많다고 하는데, 이것은 한마디로 암컷다운 성격이다.

    왜 삼색 털은 암컷뿐일까? 여기에는 성염색체가 관련되어 있다. 암컷의 성염색체는 XX이고 수컷은 XY이다. 갈색 털을 가지기 위해서는 유전자 O(대문자 오)가 필요하고, 검은색 털을 가지기 위해서는 유전자 o(소문자 오)가 필요한데, O도 o도 모두 X 염색체 위에 존재한다. 삼색 털 고양이는 갈색과 검은색 털을 동시에 가지기 때문에 O와 o가 모두 필요한데, 그러기 위해서는 X 염색체가 2개여야 하고 결국 삼색이 될 수 있는 고양이는 XX의 암컷밖에 없다. 마찬가지로 갈색과 검은색이 뒤섞인 거북등무늬(tortoise shell)라 불리는 고양이도 암컷뿐이다.

    단, 아주 드물지만 삼색 털 고양이 수컷도 존재한다. 이것은 XXY라는 성염색체의 이상이 그 원인이다. 삼색 털 수컷이 태어나는 확률은 3만 분의 1 정도로, 예부터 아주 희귀하다.

우리
암컷이다옹~

노란 줄무늬 고양이는 수컷이 많다

　삼색 털이나 거북등무늬 고양이는 기본적으로 암컷밖에 없지만 '치즈태비'로 불리는 노란 줄무늬 고양이는 대개가 수컷이다. 흔히 '노란 줄무늬 고양이는 몸집이 크다'거나 '사소한 일에는 신경 쓰지 않는 밝은 성격'이라고 말하는데, 이것은 결국 수컷다운 성격이다.

　노란 줄무늬 고양이에 수컷이 많은 것은 삼색 털 고양이와 같은 이유에서이다. 수컷은 하나뿐인 X 염색체에 유전자 O가 있으면 노란 줄무늬를 가진다. 그러나 암컷은 X 염색체가 2개 있어 하나의 X 염색체에만 O가 있으면 삼색이나 거북등무늬가 될 확률이 있다. 2개의 X 염색체에 모두 O가 없으면 노란 줄무늬가 될 수 없기에 조건이 까다롭다. 그 때문에 노란 줄무늬 암컷은 매우 드물다.

　노란 줄무늬를 만드는 유전자 O는 일본이나 동남아시아에 많아, 일본에서는 30%에 이르지만 유럽에서는 10% 정도로 매우 적다. 따라서 우리가 흔히 보는 노란 줄무늬 고양이는 유럽인에게는 희귀하다.

난 수컷이다냥!

앞발로 꾹꾹이를 하는 것은 어리광

새끼 고양이는 어미의 젖을 먹을 때 본능적으로 앞발로 어미의 배를 주물러 젖이 잘 나오도록 한다. 이 습관은 다 자란 뒤에도 남아 있어, 고양이는 담요처럼 포근한 것이 닿으면 앞발로 꾹꾹 주무른다. 어미 고양이와 이른 시기에 떨어진 고양이일수록 꾹꾹이를 많이 한다. 이때 고양이는 어미 고양이에게 안겨 따뜻하고 배부르고 행복했던 그 시절을 떠올리기에 만족할 때까지 꾹꾹이를 하게 내버려둔다.

입으로도 냄새를 맡는다?

고양이가 냄새를 맡을 때 입을 반쯤 벌리고 있는 모습을 본 적이 있는가? 이것은 사실 '야콥슨 기관'으로 냄새를 감지하는 동작이다. 입천장에 야콥슨 기관의 입구가 있는데 거기에 냄새를 보내면 코와는 다른 루트로 뇌에 정보가 보내져 냄새를 감지한다. 야콥슨 기관으로 감지하는 냄새는 주로 페로몬으로, 코로 맡은 냄새에 페로몬 같은 것이 느껴지면 입을 벌려 냄새를 마신다. 이성(異性)의 페로몬 외에 사람의 체취에도 반응하여, 벗어놓은 신발이나 양말, 겨드랑이에서 나는 냄새를 맡고는 오른쪽과 같은 얼굴을 하기도 한다. 마치 '고약한 냄새가 난다'고 말하는 것처럼 보이지만, 오히려 '아, 좋은 냄새~'라고 생각할지도 모른다.

아비가 다른 새끼를 동시에 낳을 수도

어미 고양이한테서 다양한 털 무늬의 새끼 고양이가 태어나기도 한다. 고양이의 털 무늬를 결정하는 유전자는 많아서, 어미에서는 보이지 않는 털 무늬가 새끼에서 나오기도 하는데, 이것은 결코 이상한 일이 아니다. 아비 고양이가 다르기 때문일지 모른다.

암컷은 발정기 중에 여러 마리의 수컷과 교미함으로써 각기 다른 수컷의 새끼를 가질 수 있다. 인간은 흉내조차 낼 수 없는 일이지만 길고양이에게는 너무도 평범한 일이다. 확실히 임신하기 위해서 여러 마리의 수컷과 교미하는 것은 암컷의 번식 전략인 것이다. DNA 검사로 한 배에서 동시에 태어난 새끼 5마리의 아비가 모두 다름을 확인한 사례도 있었다. 어미 고양이가 꽤 인기 있는 고양이였을지도 모른다.

애 아빠들은 다 어디 갔냐옹~;

오드아이의 비밀

한쪽 눈이 황금색, 다른 쪽 눈이 파란색 홍채를 가지는 것을 '오드아이'나 '짝눈'이라고 한다. 왼쪽과 오른쪽 눈의 색깔이 달라서 매우 신비롭게 보인다.

눈동자 색은 그 개체가 가진 색소량으로 결정된다. 백인에 파란 눈을 가진 사람이 있는데, 그것은 색소량이 적기 때문이다. 황인종은 기본적으로 검정색과 갈색 눈동자를 가지는데 그것은 색소량이 많기 때문이다. 고양이도 같은 이유로, 파란 눈을 가지는 것은 색소량이 적은 흰 고양이다. 단, 흰 고양이라도 색소량이 좀 더 많으면 황금빛 눈동자가 된다. 그리고 얼굴의 좌우에서 색소량이 다르면 오드아이가 되기도 한다. 사람도 오드아이가 존재한다.

파란 눈의 흰 고양이는 유전적으로 청각장애가 생기기 쉽고 오드아이인 흰 고양이는 파란 눈 쪽의 귀에 청각장애가 일어나기도 한다. 주위 상황을 귀로 확인하지 못해 신경질적으로 되는 고양이가 많으므로 갑자기 만지거나 하여 놀라게 하지 않도록 한다.

내가 느낀 수고양이와 암고양이의 차이

남녀 간의 엇갈림이나 다툼은 사고방식의 차이에 그 원인이 있다. 남성은 논리적으로 생각하는 데 반하여 여성은 감정을 중시한다고 한다. 어쩌면 고양이한테서도 수컷과 암컷의 서로 다른 면을 볼 수 있지 않을까? 일반적으로 수컷은 응석받이, 암컷은 새침데기가 많다.

내가 봐도 분명 수컷과 암컷의 차이는 있는 것 같다. 그런데 내가 키운 고양이들은 암컷이 6마리였던 데 비해 수컷은 1마리뿐이었다. 하물며 그 수컷은 학창 시절 혼자 살 때에 부모님 댁에 있었다. 결국 내 고양이는 모두 암컷뿐이었다. 지금은 암고양이 2마리, 수고양이 1마리와 살고 있는데, 이 아이가 사실상 나의 첫 수고양이인 셈이다. 그리고 이 아이는 몹시 응석받이라 늘 내 뒤를 졸졸 따라다닌다. 그래서 수고양이는 사람을 좋아한다는 속설을 믿게 되었다.

아직까지 수고양이와 암고양이의 차이에 대하여 과학적으로 연구한 사례는 없지만, 행동학 분야에서는 수컷 또는 암컷에서 발병률이 다르게 나타나는 병이 있다. 그것은 바로 '분리불안'이다. 분리불안은 집사와 떨어진 고양이가 계속 울거나 집을 어지르는 등 문제 행동을 보이는 병이다. 중성화된 암컷보다 수컷에서 더 많이 나타난다는 데이터가 있다. 결국 수컷이 집사에 대한 의존도가 높다고 할 수 있고, 이것은 '수컷은 응석받이'라는 인식과 일맥상통한다. 반대로, 암컷은 독립심이 강하고 도도하여 고양이다운 성격을 가지고 있다고 할 수 있다. 적당한 거리감을 유지하며 때때로 응석도 부리는 암컷의 성격이 차분하여 좋다고 말하는 사람도 많다. 물론 수고양이 같은 암고양이도 있고, 그 반대도 있다. 자신의 고양이가 어떤 성격인지를 관찰해보는 것도 즐거울 것이다.

야마모토 소우신

Part 3. Handling the Unexpected

이럴 땐 어떻게 할까?

When you want to go traveling

여행하고 싶을 때

고양이를 키우면 여행을 갈 수 없다? 그렇지 않다. 잠시도 눈을 떼지 못할 새끼 고양이가 아니라면 괜찮다.

🐱 추천하는 방법은 펫시터를 이용하는 것

반려동물 호텔이나 단골 동물병원에 맡기는 방법도 있지만, 고양이를 낯선 곳에 보내는 것보다 누군가가 집에 와서 돌봐주는 게 더 안심이 된다. 친척이나 지인에게 부탁할 수도 있겠지만, 일정이 맞지 않을 수도 있을 것이다. 추천하는 방법은 신뢰할 수 있는 펫시터에게 맡기는 것이다. 고양이에 대한 지식이 있는 펫시터라면, 고양이를 어떻게 대하는 것이 좋을지 잘 알고, 병 같은 이상 상태도 알아차려 대처할 수 있다. 펫시터에 따라서는 매일 고양이의 모습을 메일로 보내 알려주거나 사진을 보내주기도 한다. 요금은 하루에 몇 만 원이 기본이다.

펫시터를 선택하려면 사전에 면접을 보고 신뢰할 수 있는 사람인지 확인한다. 의뢰할 때는 사료의 급여 방법과 화장실 청소 방법, 단골 동물병원의 연락처, 여행 중 자신의 연락처를 알린다. 갑자기 병에 걸렸을 때는 집사와 상담한 뒤 병원에 데리고 간다(그럴 경우에는 병원비 외에 별도 요금이 발생할 수 있다).

1박 정도라면 건식 사료와 마실 물을 충분히 놓아두고, 청결한 화장실을 준비해두고, 환기가 되도록 방법을 마련해두는 등 필요한 조치를 취해두면 고양이 혼자서도 지낼 수 있다. 단, 여러 마리가 있는 경우에는 각 개체가 적정량의 사료를 먹지 못할 수도 있으므로, 역시 펫시터를 이용하는 것이 바람직하다. 여름철에는 정전이나 고장 등으로 에어컨이 멈출 우려도 있다.

고양이의 건강이 좋지 않거나 새끼 고양이가 있다면 여행은 포기하는 게 좋다. 출장처럼 피할 수 없는 일이 있을 때는 동물병원에 맡기자.

고양이를 돌본 적이 있는 펫시터를 선택하고 사전에 면접을 본다. 겁 많은 고양이는 숨어버리지만 펫시터에게 여러 번 맡겨져 익숙해지면 여유로운 모습을 보이기도 한다.

When you have a guest
집에 손님이 왔을 때

손님을 집에 초대하여 고양이와 함께 평온한 한때를 보낼 수 있다면 즐거울 것이다. 그런데 겁이 많아 사람들 앞에 나서고 싶어 하지 않는 고양이도 있다.

겁먹은 고양이를 억지로 끌어내지 않는다

집에 온 손님에게 고양이를 자랑할 생각에 숨어 있는 아이를 억지로 끌어내는 일은 그만두어야 한다. 고양이는 당신에게 배신감을 느끼고 신뢰관계가 무너질지도 모른다. 겁 많은 고양이가 스스로 나오기를 바란다면 60쪽의 요령과 같이 한다. 손님에게도 고양이에 관심이 없는 척

영역 의식이 강한 고양이는 손님이 가져온 물건에 소변으로 마킹을 하거나 발톱을 갈기도 한다. 손님의 구두나 가방은 수납장에 넣어 숨겨둔다.

　행동하도록 부탁한다. 고양이를 빤히 응시하지 말고 대화할 때도 작은 말소리로 한다.
　고양이가 얼굴을 내밀면 손님도 손가락을 내밀어 고양이 방식의 인사를 하거나(22쪽 참조) 간식을 주면 친해질지도 모른다. 그 손님의 냄새를 묻힌 손수건 같은 것을 미리 받아와 고양이에게 냄새를 맡게 하면 실제로 만났을 때 "앗, 이 냄새 알아!" 하고 경계심을 누그러뜨리기도 한다. 초인종 소리를 무서워하는 고양이라면 손님이 도착했을 때 초인종을 누르지 말고 전화를 하도록 부탁하는 것도 방법이다.

집사가 여성이라 남성을 본 적이 없는 고양이는 남성을 두려워하거나 노인이나 아이를 겁내기도 한다. 어린아이는 고양이를 장난감처럼 여기며 가지고 놀기도 하여 트라우마를 가지게 되는 고양이도 있다. 손님이 돌아갈 때까지 숨어서 나오지 않는 고양이도 있는데, 그래도 어쩔 수 없다. 그런 경우에는 다른 방에 화장실이나 마실 물을 준비해두고 스트레스가 없는 환경을 마련해주자.

고양이 냄새와 빠진 털에 대한 대처

매일 함께 생활하는 집사는 반려동물의 냄새에 둔감해져 알아차리기 어려울 수 있다. 손님에게 불쾌감을 안겨주지 않도록 주의하자. 특히 고양이 화장실은 청결하게 유지한다. 화장실의 냄새도 말끔히 지우면 좋겠지만, 강력 탈취제로 완벽하게 냄새를 없애면 고양이가 그 화장실에서 볼일을 보지 않을 수도 있다. 탄산수소나트륨 같은 은근한 작용의 탈취제나 공기청정기를 이용한다.

아무리 애써 청소해도 고양이 털은 손님의 옷에 달라붙는다. 고양이를 안거나 하면 더욱 그렇다. 빠진 털을 없애기 위한 접착 클리너를 준비해두는 것이 좋다.

겁이 많아 숨어 있던 고양이가 나이를 먹으면 손님을 좋아하게 되기도 한다.

When your cat make mischief
고양이가 장난칠 때

"우리 집 고양이는 아무리 혼내도 장난을 멈추지 않아요." 그것은 고양이를 올바르게 이해하지 못하기에 할 수 있는 말이다.

고양이는 장난을 치지 않는다

고양이는 일부러 사람을 난처하게 하려고 행동하지 않는다. 고양이는 그저 호기심에 이끌려 행동하고 있을 뿐이다. 또 '혼나니까 그만두자'는 생각도 하지 못한다. 집사가 꾸짖으면 고양이는 '왜 화를 내지?' 또는 '이런 모습을 보이면 화를 내니 안 보이는 데서 몰래 하자'고 생각할 뿐이다. 따라서 고양이를 혼내는 것은 무의미하다.

멈추기를 바라는 행동이 있다면, 먼저 '물리적인 제지'를 한다. 지극히 단순한 방법이지만 '깨지면 안 되는 물건은 내놓지 않는다', '들어가면 안 되는 장소는 닫아둔다' 등이다.

다음으로 효과적인 것은, 고양이가 나쁜 행동을 하면 자동적으로 놀라게 되는 구조를 만들어두는 것이다. 예컨대 선반에 올라가면 선반 끝에 올려둔 빈 캔이 떨어져 큰 소리가 나서 고양이가 불쾌해지도록 만드는 방법이다.

단, 집사가 조작한 것임을 모르게 하는 게 포인트이다. 집사가 만들어놓은 상황임을 알면 집사가 안 보는 데서 하려고 하는데, 이 방법은 그럴 걱정도 없다. '저 선반에 올라가면 큰 소리가 나서 놀라니까 이제 올라가지 말자'고 고양이가 생각하면 그 뒤에는 굳이 빈 캔을 놓아두지 않아도 올라가지 않는다.

마지막으로, 눈앞에서 고양이가 나쁜 행동을 하려고 하면 손뼉을 치거나 책상을 두드려 큰 소리를 내어 놀라게 하는 방법도 있다. 앞에서 말한 것처럼 고양이가 '혼나니까 그만두자'고는 생각하지 않지만, 고양이를 놀라게 함으로써 결과적으로 문제 행동을 그만두게 할 수 있다. 이때 고양이의 이름을 부르면 안 된다. 고양이의 이름에 나쁜 이미지가 결부되어 평소에 이름을 부르기만 해도 무서

"고양이가 자꾸 일을 방해해."라고 말했을 때에도, 고양이는 그럴 마음이 전혀 없다. 그저 놀고 싶을 뿐이다.

워할 우려가 있다. 또한 장난친 흔적을 집사가 뒤늦게 발견하여 꾸짖는 것도 무의미하다. 고양이는 집사가 왜 화를 내는지 이해하지 못해 혼란스러울 뿐이다.

고양이를 때리거나 발로 차는 체벌도 그만두자. 집사를 신뢰하는 마음이 없어지거나 반격할 수도 있다.

깨지면 안 되는 것

손에 안 닿는 곳으로 치우는 수밖에

깨지면 안 되는 중요한 물건은 고양이가 손댈 수 없는 곳에 두는 수밖에 없다. 집 안에 고양이가 들어가면 안 되는 방이나 창고, 수납장을 정하고 거기에 깨지면 안 되는 물건들을 보관한다. 솜씨 좋게 문을 여는 고양이가 있다면 잠가두는 것을 잊지 말자. 책상이나 책장 위에 놓아둔 소품도 고양이는 앞발로 집어 떨어뜨린다. 야생에서는 작은 동물을 포획하여 반응을 살피는 본능이 있기 때문이다.

옷이나 수건을 씹어서 삼키는 고양이도 있다. 이유는 분명하지 않지만 섬유질이 부족하거나 울의 동물 냄새에 자극을 받기 때문이라는 설이 있다. 이 경우에도 오식하지 않도록 치우는 게 가장 좋다. 특정 대상물(스웨터 등)에 집착한다면, 고양이가 싫어하는 냄새나 맛을 묻힌다. 고추나 겨자, 식초를 거기에 묻혀두면 질색하면서 씹지 않게 될 수도 있다. 섬유질이 많이 함유된 사료로 바꾸거나 고양이풀을 주는 것도 효과가 있을지 모른다.

올라가거나 들어가서는 안 되는 곳

놀라게 하는 시스템을 만들자

책장이나 테이블, 부엌의 싱크대처럼 고양이가 올라가서는 안 되는 장소도 있다. 올라가지 못하게 계속 감시할 수는 없으므로 119쪽과 같은 방법을 생각해보자.

먼저, 고양이가 거기에 올라가면 큰 소리가 나는 구조를 생각할 수 있다. 여러 방법이 있지만, 간단한 것은 빈 캔에 동전 몇 개를 넣어 그 끝에 놓아두는 것이다. 고양이가 뛰어올랐을 때 캔이 떨어지며 찰랑찰랑 큰 소리를 낸다. 결국 '큰 소리→깜짝 놀란다→오르지 않게 된다'는 공식이다.

고양이가 올라갔을 때 발이 붙는 끈끈이 테이프를 붙여두는 방법도 있다. 끈적거리는 감촉이나 발에 붙은 테이프에 놀라 그 이후에는 올라가지 않게 될 가능성이 있다.

또 다른 방법으로, 고양이가 올라갈 공간이 없도록 물건을 가득 놓아두거나 고양이가 싫어하는 감귤계 향을 묻혀 멀리하게 만드는 방법도 있다. 고양이가 다가오면 그것을 감지한 센서가 소리를 내며 물을 내뿜는 획기적인 상품도 있다. 고양이가 뛰어올랐을 때 등 뒤에서 분무기로 물을 뿌려 불쾌감을 안겨주는 방법도 있지만, 그것이 집사가 한 일임을 알게 되면 집사를 미워할 수도 있다.

들어가면 안 되는 곳은 문을 닫아두거나 차단막을 설치하여 물리적으로 막아두는 것이 가장 좋다. 문고리를 돌려 문을 열 수 있는 고양이라면 문을 잠그거나 위로 올려야

열리는 문고리로 교체한다. 미닫이문이라면 고양이가 열지 못하도록 스토퍼를 구입하여 달아준다.

> **아무 데나 발톱갈이를 한다**

발톱을 가는 것은 고양이의 본능

발톱을 가는 것 자체는 고양이의 본능이므로 그만둘 수 없다. 그러나 벽이나 가구보다 '기분 좋게 발톱을 갈 수 있는' 스크래처가 있다면 고양이는 거기에 발톱갈이를 한다. 고양이에게 맞는 스크래처를 찾아보자.

스크래처에는 상자로 만든 것, 마끈으로 만든 것, 나무로 만든 것 등 여러 재질에 다양한 크기와 형태가 있다.

동일한 스크래처라도 벽에 설치하여 세로 방향으로 두느냐, 아니면 바닥에 놓아 가로 방향으로 두느냐에 따라 고양이의 반응은 다르다. 그 밖에도 51쪽처럼 직립 타입이나 비스듬한 각도로 발톱을 가는 타입도 있다. 고양이가 좋아하는 각도나 재질을 찾아보자. 고양이의 기호에 맞는 것을 발견할 때까지 여러 가지 것들을 시도해볼 필요도 있다.

고양이의 발바닥을 스크래처에 대어 자신의 냄새를 묻히거나 개다

비교적 저렴한 스크래처는 골판지로 만든 것. 단, 종잇조각을 청소해야 한다는 단점이 있다.

래나무 가루를 스크래처에 소량 뿌려 고양이의 흥미를 유발하는 방법도 있다.

발톱갈이를 하는 벽이나 가구를 가린다

고양이는 한 번 발톱을 간 곳에 반복하여 발톱을 가는 습성이 있다. 고양이가 스크래처를 사용해도 이전에 발톱을 갈아 발톱 자국을 낸 벽이나 가구를 가리지 않으면 피해는 더욱 커진다.

가장 좋은 방법은 물리적으로 막는 것이다. 발톱 자국을 낸 벽을 가구로 막거나 발톱이 미끄러지는 매끈한 시트를 붙여둔다. 그 외에 감귤류 등 고양이가 싫어하는 향을 분무기로 뿌려서 멀리하게 만드는 방법도 있다. 122쪽처럼 테이프가 발에 끈끈하게 달라붙는 장치를 설치해두고 거기에 가면 기분 나쁘다는 인식을 심어주어 멀어지게 하는 방법도 있다.

단, 물리적으로 막는 방법 외에는 고양이마다 차이가 있어 아무리 노력해도 벽이나 가구에 발톱을 가는 고양이도 있다. 결국 집사가 포기할 수밖에 없는 경우도 있다.

> **이른 아침, 밥 달라고 깨운다**

아침밥을 주는 방법과 인내가 중요하다?

고양이가 이른 아침에 아침밥을 달라며 집사를 깨우는 일이 많다. 가능하다면 전날 밤 되도록 늦은 시간에 마지막 밥을 주거나 고양이용 우유를 주어 공복으로 있는 시간을 늦춘다. 단, 칼로리를 과잉 섭취하지 않도록 계산한다. 고양이가 한 마리라면 자동 급식기를 이용하여 아침밥을 주는 것도 방법이다.

고양이는 집사를 깨우기 위해 온갖 수단을 동원한다. 집요하게 울거나 앞발로 치거나 얼굴을 핥는다. 개중에는 높은 곳에서 집사의 몸을 향해 뛰어내리거나 옆에 있는 물건을 떨어뜨리는 고양이도 있다. 집사가 포기하는 심정으로 고양이의 요구에 응해 밥을 주면 고양이는 그것을 기억하고 반복한다. '집사를 깨우는 버릇'이 들지 않도록 고양이의 집요함에 지지 말고 끝까지 버틴다. 그러나 좀처럼 포기하지 않는 고양이에게 어정쩡하게 대항할 바에는 얼른 일어나 밥을 주고 다시 잠을 자는 것이 현명할지도 모른다.

암막커튼을 쳐서 아침 햇살이 침실로 들어오는 것을 막는 것도 효과적이다. 아침 햇살에 고양이가 활발해지는 것을 막을 수 있다.

When your cat have an accident
아무 데나 볼일을 본다

고양이가 화장실 밖에 배설을 했다면 그것은 심술을 부리는 것이 아니다. 화장실 환경이나 고양이의 몸, 또는 마음에 문제가 있을지 모른다.

화장실 이외의 곳에 볼일을 보는 원인은 여러 가지

먼저 알아야 할 것은 아무 데나 배설한 일로 고양이를 꾸짖지 않는 것이다. 화장실이 아닌 곳에 배설하는 것은 심리적 스트레스가 원인인 경우가 많아, 꾸중을 듣고 스트레스를 받으면 오히려 사태가 악화될 우려가 있다. 고양이가 아무 데나 볼일을 본다면 냉정하게 그 원인을 찾아보자.

먼저, 배설물의 종류를 확인한다. 고양이에게는 보통의 소변 외에 네 발로 선 채 뒤로 뿜는 '스프레이'라는 소변이 있다. 배설물에 의한 마킹으로서는 스프레이가 가장 강하고, '스프레이>보통의 소변>대변'의 순서이다. 벽에 소변을 뿌리

배변 장애를 개선하는 데 시도할 수 있는 제제 '페리웨이'. 고양이의 페이셜페로몬과 비슷한 성분을 실내에 뿌려 이미 마킹한 듯한 상황을 만들고, 고양이의 '마킹하지 않으면 안 된다'는 기분을 억제한다. 분무기와 확산기의 2가지 타입으로, 분무기 타입을 사용한 고양이의 75~97%가 개선되었으며 33~96%는 완전히 스프레이를 하지 않게 되었다는 데이터가 있다. 동물병원에서 구입할 수 있다.

창밖에 보이는 길고양이로 인해 영역 의식에 위기를 느끼고 마킹을 시작하기도 한다. 고양이의 마음은 의외로 섬세하다.

는 행위는 스프레이로, 영역 의식이 가장 강한 거세 전 수컷에게서 많이 보이는 행동이다. 스프레이를 멈추게 하는 데에는 중성화수술이 효과적이다. 거세함으로써 고양이의 영역 의식을 줄일 수 있기 때문이다.

스프레이가 아닌 보통의 소변이나 대변을 화장실 밖의 장소에 보는 데는 몇 가지 원인을 생각할 수 있다. 그중 하나는 화장실 환경이 만족스럽지 않은 것이다. 화장실이 더럽거나 놓인 장소가 싫거나 화장실 모래가 마음에 들지 않으면 고양이는 다른 곳에 볼일을 본다. 화장실 환경을 점검해보자.

심리적 스트레스나 트라우마가 원인인 경우도 있다. 여러 마리의 고양이가 있어서 다른 고양이의 존재에 불안감을 느낀다면, 불안을 가라앉히기 위해 여기저기에 소변을 봐서 자신의 냄새를 묻힌다. 그 밖에 화장실 안에 있을 때

충전재가 새털인 이불에 소변을 보는 것은 새 냄새에 반응하는 것이라는 설도 있다.

　마침 번개가 쳤다거나 하여 무서운 일을 겪었다면, 그게 원인이 되어 화장실을 무서워하게 되기도 한다. 이런 경우에는 화장실 용기나 장소를 바꾸면 좋아질 수 있다. 최근 고양이를 불안하게 한 일은 없었는지 생각해보자. 중성화수술을 했는데도 스프레이를 한다면 심리적 스트레스가 그 원인이다.

　또 질병이 원인일 수도 있다. 비뇨기질환이 있어 배설이 제어되지 않거나 배설 시 통증이 있다면 '화장실에서 볼일을 보면 아프다'고 착각하여 화장실 밖에서 배설하기도 한다. 숨어 있는 병은 없는지 수의사에게 상담해보자.

When you want to have more cats
고양이 여러 마리를 키우고 싶을 때

'둘째를 들이고 싶다!' 처음 키운 고양이가 사랑스러우면 그런 생각을 하는 것은 지극히 당연하다. 그러나 여러 마리의 고양이를 키우는 데 따르는 위험도 있다.

사이가 나쁜 경우도 있다

장차 고양이 집사를 희망하는 사람으로 여러 마리의 고양이를 키우려는 사람은 이미 사이가 좋은 형제 고양이를 데려오는 것이 가장 좋다. 고양이들이 잘 맞는지 이런저런 것들을 따지지 않아도 되기 때문이다.

이미 집에 고양이가 있고 새로이 고양이를 맞이하는 경우라면 고양이끼리 사이가 안 좋은 경우도 염두에 두어야 한다. 자신의 영역에 낯선 고양이가 들어온다면 고양이로서 위협을 느낄 것이다. 사이가 나쁘면 싸움이 끊이지 않는 상황이 벌어지기도 한다. 그것은 고양이에게도 집사에게도 매우 불행한 일이다.

고양이들의 궁합 기준표

고양이 사이에 궁합이 어떨지는 개체의 성격에 따라 다르지만, 기본적으로는 아래와 같다.

		기존 고양이	
		자묘	성묘
새로운 고양이	자묘	경계심이 적은 새끼 고양이들이라면 형제처럼 문제없이 생활할 수 있다. 단, 성장하여 발정기를 맞이하면 영역 의식이 강해져 사이가 나빠지거나 수컷이 암컷을 쫓아다녀 관계에 금이 가기도 한다. 사이좋은 성묘의 안정적인 관계보다 미지수가 많다.	성묘에게 새끼 고양이는 위협적인 경쟁 상대가 아니다. 부모처럼 보살피거나 사이좋게 지내는 일이 많다. 자묘가 성장해도 먼저 있던 고양이에게는 늘 새끼 같은 존재다. 집사는 새로 데려온 새끼 고양이에게만 신경을 쓰기 쉬운데, 기존의 고양이를 우선적으로 예뻐해주는 것이 중요하다.
	성묘	먼저 집에 있던 것이 자묘, 새로 오는 것이 성묘인 경우는 드문데, 경계심이 적은 새끼 고양이는 문제없이 받아들일 것이다. 경계심이 강한 성묘가 집에 익숙해지는 것이 더 중요한 문제이다. 새로 온 고양이가 낯선 환경에 익숙해질 때까지 잠시 케이지 안에서 키우는 등 요령과 시간이 필요하다 (39쪽, 52쪽 참조).	성묘는 서로 경계심이 강하기 때문에 특히 주의가 필요하다. 새로 온 고양이는 잠시 케이지 안에서 돌보면서 사이좋게 지낼 수 있는지 살핀다. 특히 중성화를 하지 않은 수컷끼리는 서로를 경쟁 상대로 보기 때문에 중성화수술을 할 필요가 있다.

보호단체에 따라서는 '시범 기간'을 두는 곳도 있다. 만일 그런 제도를 이용하지 않고 새로 고양이를 데려왔지만 도무지 사이가 좋아지지 않는다면, 각기 다른 방에서 고양이를 키우거나 다른 집사를 찾아야 할지도 모른다. 고양이를 여러 마리 키울 생각이라면 그런 사태를 염두에 둘 필요가 있다.

		기존 고양이	
		수컷	암컷
새로운 고양이	수컷	성묘로 중성화하지 않은 수컷끼리는 서로를 경쟁 상대로 여길 가능성이 크다. 여러 마리의 고양이를 키우는 경우에는 중성화수술이 불가피하다. 두 마리 모두 자묘라면 지금 당장은 문제가 없다. 한쪽이 자묘, 한쪽이 성묘인 경우, 성묘가 중성화수술을 마쳤다면 위험이 적다. 중성화한 수컷끼리는 형제처럼 잘 지낼 가능성도 있다.	기본적으로 수고양이는 암고양이를 좋아하여 사이좋게 지낼 가능성이 높다. 중성화수술을 해주지 않으면 새끼가 태어나므로 번식을 원하지 않는다면 반드시 중성화수술을 해준다. 한쪽만 중성화수술을 해도 새끼는 태어나지 않지만 수컷이 암컷을 쫓아다녀 사이가 나빠지는 원인이 되기에 양쪽 다 수술하는 것이 바람직하다.
	암컷	오른쪽 위와 동일	암컷은 수컷만큼 영역 의식이 강하지 않아서 사이가 별로 좋지 않아도 서로 간섭하지 않고 적당히 거리를 유지하며, 문제없이 여러 마리를 키우는 경우도 있다. 그러나 자기 곁에 다른 고양이가 다가와서 위협하여 자주 다툼이 벌어지기도 한다. 새끼를 키우는 암컷은 대개 성격이 강하다.

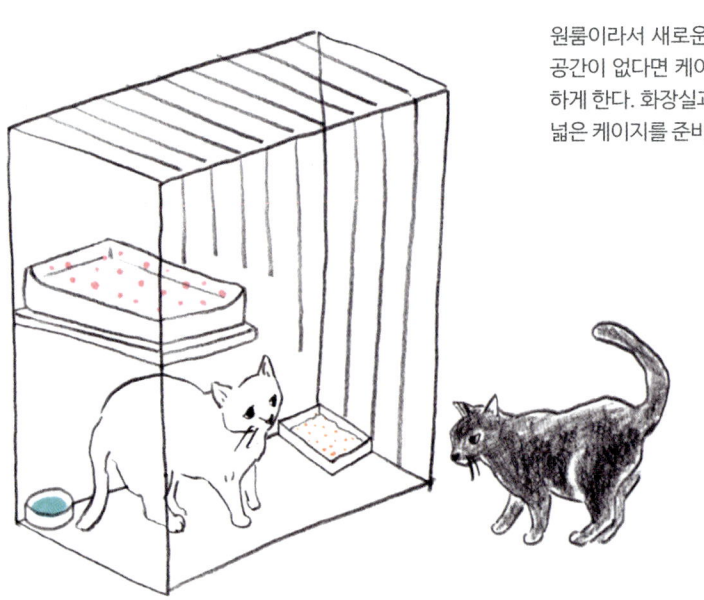

원룸이라서 새로운 고양이를 따로 돌볼 공간이 없다면 케이지 안에서 잠시 생활하게 한다. 화장실과 잠자리를 놓을 만큼 넓은 케이지를 준비하자.

기존 고양이와 새로운 고양이의 대면은 신중하게

앞에서 말한 대로 낯선 고양이의 출현은 이미 있던 고양이에게는 위협이 된다. 그런 까닭에 느닷없이 대면하게 되면 그 충격은 이루 말할 수 없이 크다. 맞붙어 싸우기라도 하면 수습하기 어렵다. 새로 오는 고양이는 기존의 고양이와 곧바로 대면시키지 말고 한동안 다른 방에서 돌보는 게 바람직하다.

다른 방에 있어도 고양이는 냄새와 울음소리로 다른 고양이의 존재를 느낄 수 있다. 상대의 냄새가 묻은 수건을 교환하여 서로에게 확인시킨다. 즉 냄새로 먼저 대면시키는 것이다.

그 후 새로운 고양이를 케이지나 이동장(문을 통해서 모습이 보이는 것)에 넣은 채로 기존의 고양이와 대면시킨다. 고양이끼리 서로 위협하거나 공격하거나 겁먹거나 숨는다면 대면을 잠시 미룬다. 그리고 조금 더 따로 생활하게 한다. 서로의 냄새를 맡는 등 우호적인 분위기가 되면 문을 열고 상황을 지켜본다.

도무지 사이가 좋아지지 않는다면

찰싹 붙어 다닐 만큼 사이가 좋지 않더라도 서로 간섭하지 않고 이따금 다투는 정도라면 문제는 없다. 드물지만 장난치는 모습을 보고 '싸운다'고 오해하는 사람도 있는데, 피가 날 정도가 아니라면 치고받는 것은 사이가 좋다는 증거이다.

끊임없이 서로를 위협하고 격렬하게 싸우는 관계는 오히려 매우 드문데, 그런 관계를 회복하기 위해서는 전문적인 기술이 필요하다. 서로에 대하여 잊을 때까지 각기 다른 방에서 지내게 한 뒤에 다시 대면시켜 케이지 너머로 같이 밥을 먹이는

새끼 고양이끼리는 갑작스럽게 대면시켜도 일반적인 경우에 문제가 없지만, 신중해야 한다. 서로의 냄새를 확인시키고 이동장 문 너머로 대면하는 단계를 거치자.

등 서로에게 좋은 이미지를 가지게 하는 방법이 있는데, 이 타이밍에는 전문 지식이 필요하다. 문제 행동을 전문적으로 다루는 클리닉에 상담하면서 시도한다. 간혹 아주 사소한 일이 계기가 되어 사이좋았던 고양이들의 관계에 금이 가기도 한다. 한 마리만 동물병원에 가서 다른 냄새를 묻혀 오거나 함께 있을 때 큰 소리가 나서 서로에게 나쁜 이미지를 갖게 되기도 한다. 전문가의 손을 빌려 관계 회복을 위해 노력하자.

When you move house with cat
집사가 이사할 때

이사할 때 고양이가 집 밖으로 나가버릴 위험이 있다. 새로운 집에 익숙해질 때까지 되도록 스트레스를 받지 않도록 주의한다.

고양이가 집 밖으로 나가버리는 것을 방지하려면

이사할 때는 아무래도 문이나 창을 열어둔 채 작업하는데, 이때 고양이가 집을 나갈 위험이 있다. 집사가 아무리 주의를 기울여도 이사업체 사람이 무심결에 놓쳐버리기도 한다. 가능하다면 이사 당일은 반려동물 호텔이나 동물병원에 맡기자.

맡길 수 없는 경우라면 작업 중에는 케이지나 이동장 안에 고양이를 넣어둔다. 욕실에 고양이를 넣어두고 문에 '고양이가 있으니 열지 마세요!'라고 적은 종이를 붙여두는 것도 좋다. 욕조의 물을 빼고 비누 같은 것은 모두 치워 안전한 상태로 만든 다음 고양이가 마실 물과 사료, 잠자리를 넣어둔다.

이동할 때는 이동장이나 케이지에 넣어 운반한다. 여러 마리를 키우는 경우에는 제각기 이동장에 넣어서 옮기기보다는 커다란 케이지에 한꺼번에 넣어 이동하는 것이 바

람직하다. 따로따로 이동장에 넣으면 새 집에서 재회했을 때 서로 낯선 고양이로 착각하여 사이가 틀어지기도 한다.

새 집에 빨리 적응하기 위해서는

'빌려온 고양이'라는 말도 있듯이, 낯선 곳에 있는 고양이는 불안하다. 새로운 장소를 자신의 영역으로 인식하기 위해서는 냄새를 확인하는 작업부터 시작해야만 한다. 따라서 잠시 겁먹는 것은 어쩔 수 없는 일이다. 고양이가 지금까지 사용했던 잠자리나 화장실, 캣타워가 있다면 그나

 마 안심할 수 있다. 그 외의 가구에도 고양이 자신의 냄새가 묻어 있으므로 되도록 같은 가구를 사용한다.

 몹시 겁 많은 고양이는 소파나 침대 아래에 숨어 들어가 나오지 않는다. 반나절이 지나서 나오면 문제될 것은 없지만, 하루 이상 그대로 있다면 식사나 화장실이 걱정이다. 52쪽과 같이 처음에는 방 하나만 개방하여 위험한 틈새는 수건 등으로 막아두고, 잠시 케이지 안에서 지내게 하다가 케이지 문을 열어 고양이가 스스로 나오기를 기다리는 방법도 좋다. 그러기 위해서는 이사하기 전 케이지에 익숙해질 필요가 있다.

When your cat go outside
고양이가 집 밖으로 달아났다면

호기심에 잠시 집 밖에 나왔다가도, 실내에서만 살았던 고양이는 어찌할 바를 몰라 한다. 서둘러 찾아 나서자.

🐱 집 주변을 샅샅이 수색한다

먼저 집 주변을 철저하게 수색한다. 특히 처음으로 밖에 나온 고양이라면 어찌할 바를 몰라 멀리 가지 않는다. 그저 집 근처에 가만히 웅크리고 숨어 있는 경우가 대부분이다. 무심코 좁은 틈새에 들어가 웅크리고 있을 수도 있다. 건물 틈이나 풀이 무성한 곳을 샅샅이 찾아보자.

이웃집 주변도 찾아봐야 하므로, 사정 이야기를 하지 않는다면 수상하게 보일 것이다. 따라서 이웃에 고양이를 찾고 있다고 미리 말해두는 것이 좋다. 그때 143쪽과 같은 전단지를 만들어 건네며 그 집의 마

높은 곳에 올라갔다가 내려오지 못하는 고양이를 집사 혼자서 내릴 수 없다면 119에 도움을 청하자. 재해로 출동하지 않을 때는 도와줄 것이다.

　당이나 뒤쪽도 살펴봐 달라고 부탁한다. 직접 건넬 수 없는 경우에는 우편함에 전단지를 넣어둔다.
　집 주변에서 찾지 못했다면 수색 범위를 서서히 넓힌다. 마구잡이로 찾는 것이 아니라 상세한 지도를 준비하여 찾아본 장소는 표시한다. 동네에서 길고양이를 보살피는 사람은 고양이에 대한 정보에 민감하니 전단지를 건네면서 물어보자.
　고양이가 어디에 있는지 알아도 겁을 먹은 고양이는 좀처럼 나오려고 하지 않는다. 좋아하는 간식이나 캣닙을 가지고 다니는 것이 좋다. 고양이를 발견했지만 잡을 수 없다면 포획기(39쪽 참조)를 이용하는 방법도 있다.

보호기관에 도움을 요청한다

누군가가 고양이를 보호하여 경찰에 맡겼을 가능성도 있다. 경찰에 집고양이가 행방불명되었다는 사실을 알리면 경찰은 준유실물로서 수리해줄 것이다. 경찰이 보호 중인 고양이가 유기묘로 간주되면 동물보호센터에 수용되는데, 여기서는 3~7일 내에 보호자가 나타나지 않으면 살처분된다. 불행한 사태가 일어나지 않도록 이런 기관에도 조속히 연락을 취한다. 살고 있는 지역 관할은 물론, 고양이의 이동을 예상하여 인근 기관에도 연락해두는 것이 좋다.

길 잃은 고양이를 보호하고 있는 사람이 정보를 올리는 사이트도 있으니, 거기서도 고양이에 대한 정보를 찾아보자. 또는 '고양이를 찾는다'는 정보를 올릴 수도 있다.

유기묘 정보 공유 사이트

- 동물보호관리시스템 http://www.animal.go.kr
- 동물보호센터 http://www.angel.or.kr
- 한국고양이보호협회 http://www.catcare.or.kr

다른 사람의 눈을 빌려 찾는다

혼자서 찾는 데는 한계가 있으므로, 전단지를 만들어 많은 사람들에게 찾아봐 달라고 부탁한다. 전단지를 만들기 위해서라도 평소 고양이의 사진을 찍어둘 필요가 있다. 목걸이도 단서가 될 수 있으니 찍어둔다. 행방불명이 된 날짜는 적지 않는 게 좋다. 날짜가 오래되면 아무래도 주

잃어버린 고양이를 찾는 전단지 만드는 방법

'찾을 때까지 떼지 말라'고 요청하자
무사히 발견했을 때는 깨끗하게 떼어내자.

얼굴, 꼬리가 잘 보이는 전신 사진
비슷한 털 무늬의 고양이가 많아서 의외로 꼬리가 중요하다. 꼬리의 길이나 굽은 정도를 알 수 있는 사진을 전단지에 넣는다. 사진 한 장으로 알 수 없다면 꼬리가 찍힌 두 번째 사진도 넣는다.

사례가 있다면 더 주목받는다
사례한다고 하면 사람들이 더 주목해준다. 그러나 '사례금'이라고 말하지는 말자. 무례한 사람은 '찾았으니 돈을 내놓으라'고 협박하기도 한다.

연락처를 꼭 남긴다
개인정보라 꺼려진다면 안심번호를. 가명을 적으면 연락이 왔을 때 고양이 때문에 온 것인지 바로 알 수 있다.

목도가 떨어지기 때문이다. 올 컬러가 아니면 고양이의 털 무늬가 잘 보이지 않는다. 보기 쉬운 깔끔한 전단지가 주목을 받는다. 전문가에게 부탁하여 만들어도 좋다.

전단지는 이웃 사람들에게 나누어주는 것 외에도 집 벽에 붙이거나 허가를 받고 동네 게시판에도 붙인다. 전봇대에 마음대로 붙이는 것은 좋지 않다. 근처 동물병원에도 허락을 구하고 붙이자. 동물을 좋아하는 사람이 모이는 장소라서 효과적이다.

펫탐정을 이용하는 것도 방법

잃어버린 고양이를 찾으러 다닐 시간이 없거나 집이 아닌 외출한 곳에서 행방불명이 되어버린 경우에는 펫탐정에게 의뢰하는 방법도 있다. 다만, 수색하는 시늉만 하고 돈을 요구하는 사람도 있으므로 잘 판별할 필요가 있다. 집사와 함께 찾기를 꺼리거나 이야기해보니 고양이의 습성에 대하여 잘 모르는 사람은 피한다. 포획기나 고성능 쌍안경, 적외선 카메라 등 전용 기기를 보유하고 있는 곳이 좋다.

오랜 수색 끝에 찾기도 한다

길 잃은 고양이의 수색은 가능한 한 빨리 시작하는 것이 중요하지만, 개중에는 1년이 지나서 찾은 경우도 있다. 그러니 시간이 지났다고 하여 희망을 버릴 필요는 없다. 비용이 들지만, 그 지역 신문에 전단지를 넣거나 지역 소식지에 게재하는 방법도 있다. 신문은 인터넷을 이용하지 않는 노인들이 본다는 이점이 있다.

고양이를 무사히 찾았다면 동물병원에서 건강 상태를 확인해본다. 길고양이와 접촉하여 감염증이 옮

앉을 수도 있으므로 바이러스 체크(174쪽 참조)도 필요하다. 벼룩이나 진드기의 구제는 물론이고, 영양 상태가 나쁘다면 수액을 맞아야 하는 경우도 있다.

고양이의 생명줄, 인식표

만일의 경우, 고양이가 집을 나갔다가 돌아오지 않을 때를 대비하여 목걸이와 인식표를 달아준다. 인식표가 없으면 집에서 키우는 고양이인지 판별할 수 없어 다른 사람이 보호하고 있어도 집사의 품으로 돌아올 수 없을 뿐 아니라 보호소로 보내져 살처분될 가능성도 있다.

몸속에 삽입하는 마이크로칩이라면 목걸이처럼 벗겨질 염려는 없다. 보호소에 수용되었다가 마이크로칩의 데이터가 확인되어 집사의 곁으로 돌아올 수도 있다. 최근에는 펫숍에 있는 개나 고양이에 처음부터 마이크로칩을 삽입하는 경우도 많지만, 그것만으로는 충분하지 않다. 동물 ID 정보 데이터베이스에 등록할 필요가 있다.

마이크로칩은 동물병원에 의뢰하여 삽입하는데, 지름 2mm, 길이 1cm 정도의 내장 칩을 주사하는 방식으로 목 뒤쪽 피부 밑에 넣는다. 통증은 거의 없다. 단, 마이크로칩이 들어가 있는지 겉으로 보아서는 알 수 없기에 목걸이와 인식표도 같이 달아주는 것이 가장 좋다.

동전 모양의 금속에 이름과 전화번호를 새겨 넣는 인식표

When you are affected by a disaster
재해가 일어났을 때

한국도 지진 안전지대는 아니라 언제 어떤 재해가 덮쳐올지 알 수 없다. 방재와 동시에 고양이를 위한 대책도 마련하자.

집 안에서의 안전 대책

재해가 일어났을 때, 집사가 집에 없을 수도 있다. 따라서 집에 있는 고양이가 가능한 한 안전하게 지낼 수 있도록 실내 안전 대책을 마련해두는 것이 중요하다. 가구가 넘어지지 않도록 버팀목을 받쳐두거나 식기를 넣은 찬장이 열리지 않게 하는 등 기본적인 대책을 마련해둔다.

만일의 사태가 발생했을 때 고양이가 피할 곳(서랍장의 한구석이나 케이지 등)도 마련해두면, 나중에 숨어 있는 고양이를 찾기 쉽다는 이점도 있다.

재해가 일어나도 화재

같은 2차 피해가 일어날 우려가 없으면 고양이와 함께 집에서 피난생활을 하는 게 좋다. 필요한 물자와 정보는 피난소에서 얻는다.

피난할 때는 고양이와 함께

피난소로 가야 한다면 고양이도 함께 데려간다. 고양이를 두고 가면 출입금지 구역으로 지정되는 경우에 돌아오지 못해 고양이만 남겨지게 된다. 이동장에 고양이를 넣어 데리고 간다. 여러 마리를 키우는 사람은 고양이를 모두 데리고 갈 수 있는 방법을 평소에 생각해둘 필요가 있다.

지진으로 가구가 넘어지고 고양이가 어디에 숨어 있는지 알 수 없는 경우에는, 잠시 찾아보다가 끝내 발견하지 못하면 일단 고양이를 두고 피난 가는 방법도 있다. 집사가 안전하지 않다면 고양이를 도울 수 없다. 그럴 때는 방 안에 사료를 봉지째 열어두고 마실 물을 많이 놓아둔다.

반려동물을 데리고 피난소 생활을 하는 것은 현실적으로 많은 어려움이 뒤따른다. 반려동물과 함께 지낼 수 있는 피난소는 적고, 대개 피난소 내에 반려동물만 수용하는 전용 장소가 마련된다. 그래서 반려동물과 함께 지내기 위해 차량이나 텐트에서 피난생활을 하는 사람도 있다. 안정될 때까지 안전한 곳에 있는 지인에게 맡기거나 동물구조본부가 설치한 동물피난처에 맡기는 방법도 검토해보자.

고양이를 위해 준비해둘 물품

Prepare against disaster

비상시에 반려동물용 물품을 구하는 것은 쉽지 않다.
평소 준비해두면 만일의 사태에 큰 도움이 된다.

사료

최소 7일분의 사료를 준비해둔다. 치료식은 구호물자로 받는 데 시간이 걸리기 때문에 1개월분은 챙겨둔다. 평소에 많이 저장해두는 습관을 들인다. 특히 일상적이지 않은 상황에서 평소에 먹던 것이 아닌 다른 사료는 입에도 대지 않는 고양이가 많다. 비상시에는 가볍고 열량이 높은 건식 사료가 적당하다. 습식 사료만 먹는 고양이는 건식 사료 위에 습식 사료를 얹어 건식을 먹는 연습을 해두자.

평소 먹는 약

비상시에는 단골 동물병원도 재해를 입는다. 따라서 약을 입수하기도 어려워지므로 평소에 많이 준비해둔다. 또 고양이가 먹는 약의 종류를 적어두고 입수할 상황이 되었을 때를 대비하자. 휴대전화에 사진으로 남겨두는 것도 좋은 방법이다.

이동장

피난할 때 꼭 필요한 아이템. 하네스나 세탁망도 있으면 좋다. 고양이집처럼 사용할 수 있는 큼지막한 이동장은 피난소에서도 아주 유용하다. 백팩 타입은 이용하기 더욱 쉽다.

고양이 사진과 건강 기록

고양이를 피난처에 맡길 때는 병력이나 약에 대한 데이터가 필요하다. 백신 접종 기록, 바이러스 체크 결과표도 있다면 편리하다. 재해 시에 고양이가 행방불명이 되었다면 수색할 때 고양이의 사진이 필요하다. 인화한 사진을 준비하는 것 외에도 휴대전화로 촬영해두자.

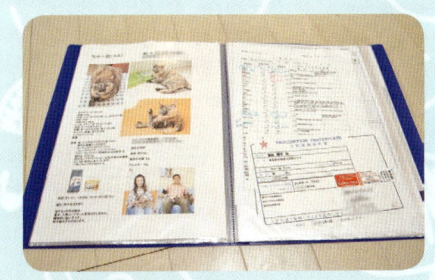

있으면 편리한 물품

- 케이지
- 펫시트, 화장실 모래
- 수색 전단지

케이지가 있으면 편리하지만 부피가 크기 때문에 나중에 가지러 간다. 상자에 공원 모래를 담아 고양이 화장실로 사용할 수 있다. 고양이의 수색 전단지를 미리 준비해두어도 좋다.

사람을 위한 물품과 함께 고양이를 위한 물품도 비상가방에 넣어둔다. 꺼내기 쉬운 자동차 트렁크나 집 밖에 있는 창고에 넣어둔다.

고양이의 Before & After

"아니, 같은 고양이라고?" 하며 놀랄 정도의 변화가 고양이에게도 있다. 그런 변화의 묘미도 집사에게는 즐거움이 아닐 수 없다.

새끼 때 파랬던 눈동자가 성장한 뒤 노래졌다. 사실 새끼 고양이는 누구나 '키튼 블루'라고 불리는 푸른 눈동자를 가지고 있다. 성장하면서 색소가 정착하여 그 고양이 본래의 색으로 바뀐다.

〈도미타 씨의 **챠보**〉

성장하면서 새끼 때보다 털색이 짙어진다. 사실 샴고양이처럼 '포인트 컬러'를 가진 고양이는 체온이 낮을수록 털색이 짙어지는 특징이 있다. 새끼 때는 체온이 높기에 옅은 색을 띤다.

〈냐니 씨의 **류**와 **슈**〉

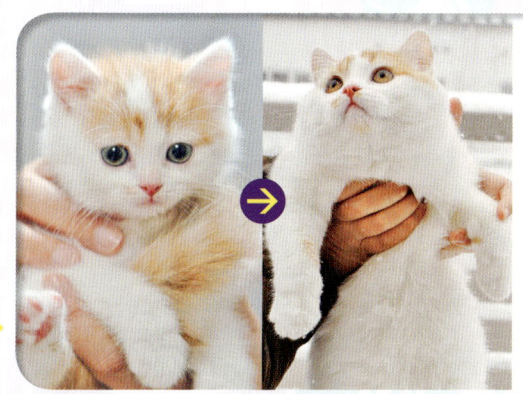

손 안에 쏙 들어올 만큼 작았던 새끼 고양이가 두 손으로 들기에도 버거운 거대 고양이가 되었다! 이것이 보통의 성장이다. 새끼 시절은 순식간에 지나가 1년 만에 고양이는 어엿한 어른이 된다. 〈오하시 씨의 **해피**〉

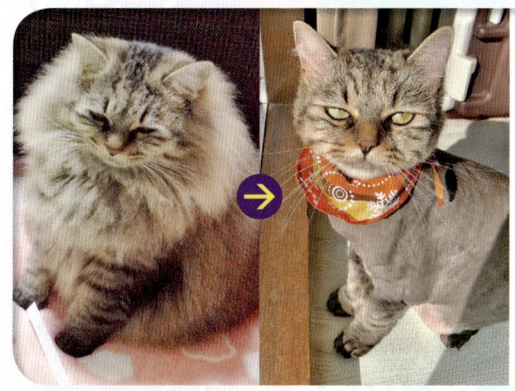

장모 고양이의 긴 털을 깎으면 완전히 다른 고양이가 되기도 한다. 집사가 "이 아이의 진짜 모습이에요. 탄탄한 복근도 있어요."라고 말한다. 긴 털로 덮여 있을 때와 다른 감촉도 느낄 수 있다. 〈하치마마 씨의 **아메**〉

병든 길고양이 새끼를 치료하고 돌보았더니 이토록 어여쁜 고양이가 되었다! 꼬질꼬질 더러웠던 길고양이일수록 씻기고 나면 몰라보게 예뻐진다. 마치 신데렐라 같다.

〈하시모토 씨의 **미케코**〉

병든 고양이와 함께 산다는 것

　대학을 졸업하고 도쿄도에 있는 고양이 전문병원에서 일하고 있을 때의 일이다. 일한 지 6개월쯤 되었을 때 보호 중인 고양이 가운데 좀처럼 보호자가 나서지 않는 아이가 있었다. 그 아이는 사람을 잘 따르는 예쁜 고양이였는데, 고양이 백혈병 바이러스에 감염되어 있었다. 고양이 백혈병 바이러스는 아주 무서운 감염증이다. 감염되면 기본적으로 치료가 어렵고 평균수명이 3년 정도밖에 되지 않는다. 게다가 타액을 통해 다른 고양이에게 옮길 수 있어서 이미 집에 고양이가 있는 사람은 보호자가 될 수 없는 상황이었다. 당시 나는 혼자 살며 고양이를 키우지 않고 있어서, 그 아이를 인계받아 이름을 '고토부키'라고 짓고 애칭으로 '고토짱'이라고 불렀다.

　고토짱은 한 살 반이 될 무렵까지는 집 안에서 뛰어놀았는데, 두 살이 되자 역시 우려했던 대로 조금씩 빈혈이 진행되어 세상을 떠났다. 짧은 생이었지만, 아직 병원 일에 익숙하지 않아 서툴고 힘들었던 시기에 내 곁에 있어준 든든한 친구였다. 고토짱과 함께했던 그 시절의 추억은 나의 고양이 역사 중에서도 손에 꼽힌다.

　병이 있는 고양이를 키우는 것은 매우 힘든 일이었지만, 그만큼 배우는 것도 많았다. 순간순간 당시 고토짱이 행복하게 뛰어놀던 모습을 떠올릴 때면 나 역시도 행복해진다. 고토짱 외에도 병으로 고통받으면서 보호자를 기다리고 있는 고양이는 많다. 처음 고양이를 키우는 사람이 병이 있는 고양이를 키우는 일은 어려울지 모르지만, 굳이 그런 선택을 할 수도 있을 것이다.

야마모토 소우신

Part 4. Protect the Health of a Cat

고양이의 건강을 지키자

Daily health check
일상적인 건강 체크

집사라면 고양이의 몸 상태가 좋지 않은 것을 알아차려야 한다. 최대한 빨리 안 좋은 몸 상태를 알아차릴 수 있는 포인트를 짚어준다.

고양이의 체중을 잴 때는 고양이를 안고 체중계에 올라가 무게를 확인한 다음 자신의 체중을 빼는 식으로 계산한다.

고양이의 건강상 문제를 발견하기 위해

동물은 몸 상태가 좋지 않으면 본능적으로 숨기려고 한다. 자신의 약점을 드러내면 적에게 공격받기 쉬워지기 때문이다. 따라서 고양이의 병이나 상처를 일찌감치 발견하기 위해서는 집사가 사소한 변화도 놓치지 않고 알아차려야 한다. 고양이의 상태가 평소와 다르다면 몸 상태가 나쁘지 않은지 의심하자. 식욕은 있는지, 배설물 상태는 어떤지 확인하여 몸 상태를 판단할 수 있다.

정기적으로 고양이의 몸을 구석구석 살펴본다. 가능하다면 매일 고양이를 쓰다듬고 빗질하면서 살펴

보는 습관을 가진다. 응어리나 탈모 등의 이상을 발견하면 동물병원에 가서 진찰받는다. 악성종양(암)이라면 조기에 제거할 필요가 있다. 평소에는 쓰다듬을 수 있었던 고양이가 갑자기 집사의 손길을 거부한다면 병이 나거나 다쳐서 통증이 있을 가능성이 있다.

건강관리를 위해 준비할 것

고양이의 건강관리를 위해 체중계와 체온계를 준비해 둔다. 체중은 정기적으로 재고 기록한다. '고양이 건강수

첩'을 만들어 체중 같은 여러 가지 데이터를 기록해두면 좋다. 1개월 만에 체중이 5% 이상 감소했다면 병을 의심할 수 있다.

발열이 의심될 때는 체온계가 필요하다. 사람용 체온계로도 잴 수 있지만, 위생적인 면에서 사람과 같이 사용하는 것은 피하는 것이 좋다. 건강할 때도 체온을 측정하여 평상시 고양이의 체온을 알아둔다.

마음에 걸리는 고양이의 움직임이나 구토물, 배설물을 사진이나 동영상으로 촬영하여 수의사에게 보여줘도 좋다. 정기적으로 고양이를 촬영해두면 살이 쪘는지 빠졌는지, 그 변화를 확인하는 단서가 된다.

집에 준비해두면 좋은 물품

엘리자베스 칼라
상처를 입거나 수술했을 때 고양이가 핥거나 하여 상처를 악화시키지 않도록 막아준다.

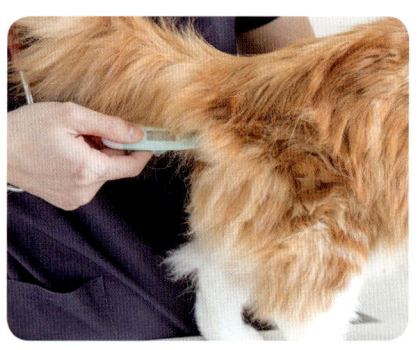

고양이용 체온계
보통 체온계를 항문에 넣어 측정한다. 고양이의 평소 체온은 38.5~39.2℃이다. 귀에 대고 측정하는 타입의 동물용 체온계를 이용하면 집에서도 쉽게 체온을 측정할 수 있다.

Danger food & foliage plant for cat
고양이에게 위험한 음식과 식물

사람에게는 해롭지 않아도 고양이에게는 치명적인 음식과 식물이 많다. 무심코 위험한 것을 주지 않도록 지식을 습득하자.

입에 대면 목숨이 위태로운 것도

고양이는 사람과 신체 구조가 다르고, 대사할 수 없는 성분도 많다. 고양이에게 독성을 나타내는 것은 상상 이상으로 많다. 그중에는 소량이라도 입에 대면 목숨이 위태로운 것이나 고양이는 좋아서 먹지만 장기간 계속하여 먹으면 몸에 해로운 것도 있다. 따라서 집사가 올바른 지식을 가지고 고양이에게 100% 안전한 것 외에는 주지 않는 것이 중요하다.

고양이에게 유해한 식물은 700종류 이상이나 된다. 관엽식물이나 꽃은 기본적으로 집 안에 놓아두지 않는 것이 안전하다. 식물을 뜯어먹는 고양이라면 고양이풀을 주자.

※ 여기에 언급한 것이 위험한 음식이나 식물의 전부는 아니다.

⚠️ 고양이에게 위험한 음식

초콜릿
초콜릿에 들어 있는 테오브로민이나 카페인이 중독, 설사, 구토를 유발하고 많이 먹으면 돌연사를 일으키기도 한다. 카카오를 원료로 하는 코코아도 마찬가지이다.

오징어·문어·조개류
비타민 B_1을 분해하는 티아미나아제가 다량으로 들어 있어 고양이를 휘청거리게 하거나 운동장애를 일으킨다. 새우나 게도 마찬가지이다. 마른 오징어는 배 속에서 몇 배로 불어 위장을 막기도 한다.

날달걀
흰자에 들어 있는 성분이 비타민 B군을 불활성화하여 탈모나 피부염, 결막염, 성장 불량 등을 일으킨다. 단, 가열하여 노른자와 같이 소량으로 주는 것은 문제없다.

파, 양파, 마늘

적혈구를 파괴하는 성분이 들어 있어 빈혈이나 혈뇨의 원인이 된다. 가열해도 독성은 남기 때문에 양파를 넣은 햄버거 같은 음식도 위험하다.

프라이드치킨

세로로 갈라지는 닭뼈가 소화관에 상처를 낼 수 있다. 사람의 입맛에 맞게 조리된 것은 염분이 너무 많아 고양이의 위장에 부담을 준다. 진한 맛에 익숙해지면 사료를 먹지 않게 될 우려도 있다.

Pet doctor's advice...

가다랑어포나 마른 멸치, 구운 김을 좋아하는 고양이는 많다. 그러나 여기에는 미네랄이 다량 함유되어 있다. 고양이에게 필요한 미네랄은 극히 소량으로 과잉 섭취하면 요석증을 일으키는 원인이 된다. 고양이용으로 염분을 줄인 간식도 판매되고 있지만, 마그네슘을 비롯한 미네랄이 들어 있는 것은 똑같다. 특히 요석증의 위험이 있는 고양이에게는 주지 않는 게 낫다.

→ 195쪽 요석증

고양이에게 위험한 식물

백합 종류

백합, 튤립, 은방울꽃 등 백합과 식물이나 백합에 가까운 종류는 고양이에게 맹독으로 작용하여 죽은 사례도 있다. 꽃가루를 들이마시거나 백합을 꽂았던 물을 핥기만 해도 증상이 나타나기도 한다. 치료법이 없어 주의가 필요한 식물이다. 히아신스나 알로에, 접란 등도 마찬가지이다.

사람에게는 소염이나 변비 개선의 효과가 있는 알로에. 그러나 고양이가 먹으면 구토나 설사의 원인이 된다.

포토스·아이비
관엽식물로 인기 있는 이들 식물에도 고양이에게는 독성으로 작용하는 성분이 들어 있다. 줄기와 잎이 특히 위험하며 구토나 설사, 기관폐색, 경련 등을 일으킨다.

포인세티아
연말연시에 많이 볼 수 있는 포인세티아는 입에 대면 구토나 설사, 피부염 등을 일으킨다.

시클라멘
꽃, 잎, 줄기 등 모든 부분에 독성이 있고 구토나 설사를 일으킨다. 앵초(프리뮬러)도 마찬가지다.

아로마테라피도 위험?

정유에는 식물 성분이 몇 배로 농축되어 있다. 고양이에게 유독한 식물이 많아서, 정유를 사용하는 아로마테라피는 어떤 의미에서는 식물을 직접 먹는 것보다 위험하다고 할 수 있다. 정유를 핥거나 피부에 닿은 고양이가 죽은 사례도 있고, 매일 아로마를 피운 방에서 생활하는 고양이의 간 수치가 나빴던 사례도 보고되어 있다. 고양이에 정유를 사용하는 것은 물론, 방에서 아로마를 피우는 것도 그만두자.

만일 위험한 것을 먹었다면

위험한 음식이나 식물을 고양이가 먹었다면 신속하게 동물병원으로 데리고 간다. 삼킨 직후라면 토하게 할 수 있고 시간이 지나도 특히 오른쪽과 같은 증상이 나타난다면 조속한 치료가 필요하다. 고양이가 스스로 토하게 하는 것은 위험하니 그만두자. 또한 진찰받을 때까지는 고양이에게 먹을 것을 주지 않는다.

고양이가 사람의 음식을 먹는 버릇을 들이면 위험한 것을 입에 댈 위험도 커진다.

진찰 시에 고양이가 무엇을 얼마나 먹었는지를 수의사에게 알려준다. 먹고 남은 게 있다면 병원에 가지고 간다. 고양이가 집에서 구토를 했다면 그것도 가져가거나 촬영하여 보여준다. 고양이가 구토하는 모습을 동영상으로 촬영한 것이 있다면 진찰에 도움이 된다.

중독의 신호

- 구토를 반복한다
- 토하려고 하지만 토할 수 없다
- 침을 흘린다
- 몸을 떨고 경련을 한다
- 축 늘어져 활기가 없다
- 식욕이 없다
- 설사
- 혈뇨, 혈변
- 발열 등등

Pet doctor's advice...

사람이 먹는 약이나 건강보조식품에도 고양이에게 유해한 성분이 들어 있으므로, 집사가 자의로 판단하여 먹여서는 안 된다. 오식할 가능성이 있으니 방 안에 약을 방치하는 것도 그만두자. 예컨대 '알파리포산'이라는 건강보조식품에는 고양이를 끌어당기는 향이 있는데, 고양이가 이것을 먹으면 저혈당에 빠지고 죽음에 이를 확률이 높다. 실제로 포장을 찢어 약을 먹고 죽은 고양이의 사례가 보고되고 있다. 불행한 사고가 일어나기 전에 철저히 관리해야 한다.

Find your best cat doctor
주치 수의사를 찾는다

고양이의 건강을 지키기 위해서는 신뢰할 수 있는 주치 수의사가 필요하다. 좋은 동물병원을 선택하는 요령을 알려준다.

고양이를 맡길 수 있는 동물병원은

신뢰할 수 있는 주치 수의사를 선택하는 방법은 오른쪽에서 설명하는 바와 같다. 입소문도 살펴보고 여러 병원에 실제로 가보고 나서 선택하면 된다. 가벼운 건강진단이나 사육 상담, 발톱 깎기를 부탁한다는 핑계로 병원 분위기를 살피러 가자. 예약이 필요한지, 대기시간은 어느 정도인지, 영업하는 요일이나 시간도 병원에 따라 다르다. 수의사가 여럿 있는 곳에서는 진찰받을 때마다 다른 수의사가 담당하는 곳도 있다. 집사와 수의사가 얼마나 마음이 맞는지도 고려한다. 종합적으로 판단하여 단골 병원을 결정한다. 그 병원이 쉽게 갈 수 있는 거리에 있는지도 중

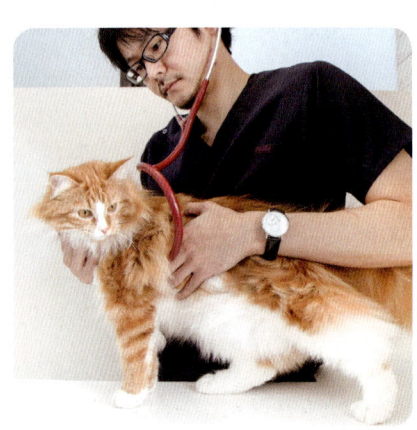

수의사가 고양이를 다루는 데 익숙한지, 고양이를 소중히 다루는지를 확인한다.

신뢰할 수 있는 주치 수의사의 조건

청결하고 냄새가 적은 병원
위생적이지 않은 병원에서는 다른 반려동물로부터 병이 옮는 '2차 감염'이 일어날 수 있다. 제대로 된 병원은 청결을 최우선으로 하기에 반려동물의 냄새가 적다.

최선의 진료와 응대
진료 시간이 너무 짧거나 촉진(觸診)도 없이 비즈니스 마인드로 반려동물을 대하는 곳은 피한다. 성심을 다하는 병원은 전화 응대에서도 그런 분위기가 전해진다.

치료나 치료비에 대한 쉬운 설명
좋은 병원은 초보 집사도 이해하기 쉽게 설명하거나 치료법의 선택지를 제시해 준다. 괜히 전문용어를 남발하며 어렵게 설명하는 곳은 좋지 않다. 또한 좋은 병원은 치료비 내역도 상세히 알려주어 회계도 분명하다.

사육 상담도 OK
반려동물이 병에 걸리지 않으려면 식사나 화장실 등 기본적인 케어가 중요하다. 상담에 응하여 여러 조언을 해주는 수의사는 신뢰할 수 있다.

시간 외 진료도 OK
몸이 안 좋은 반려동물은 밤에 급격히 상태가 나빠지기도 한다. 단골 동물병원이라면 진료 시간 외에도 대응해주거나 제휴 병원을 소개해줄 것이다.

2차 소견도 OK
반려동물을 진심으로 생각하는 수의사라면 다른 동물병원에 의견을 구하는 '2차 소견(second opinion)'을 꺼리지 않는다.

요하게 고려해야겠지만, 단순히 거리만으로 선택하면 막상 무슨 일이 닥쳤을 때 후회하게 될지도 모른다.

치료비도 판단 기준 중 하나

사람이 가는 병원과 달리 동물병원은 모두 '자유진료'이다. 초진료나 재진료, 수술비는 물론 똑같은 약을 처방해도 병원에 따라 요금이 제각기 다르다. 싼 곳과 비싼 곳의 병원비가 무려 10배 이상 차이 나기도 한다. 물론 진료비가 싸다고 다는 아니지만, 집사에게 너무 비싼 병원은 단골로 다니기 어려울 것이다. 병원에 따라서는 홈페이지에 각각의 요금을 적어놓은 곳도 있는데, 적어놓지 않는 곳도 많아서 사전에 전화로 물어보는 것이 좋다. 비용에 대하여 묻는 것은 결코 부끄러운 일이 아니다. 좋은 병원이라면 제대로 가르쳐줄 것이다. 단골 동물병원을 결정한 뒤에도 비용을 포함한 치료 방침을 검토하는 것이 중요하다. 특히 수술이나 고도의 의료 기술이 필요한 경우에는 고가의 비용이 드는 일도 많아서, 집사의 경제 사정에 맞추어 여러 선택지를 제시해주는 수의사가 좋을 것이다.

애완동물 보험에 가입한 사람은 그 병원이 애완동물 보험금 청구에 대응할 수 있는지도 고려하여 판단한다. 만일 보험 청구 업무를 하지 않는 곳이라면 직접 영수증이나 진단서 등의 서류를 갖추어 나중에 보험금을 청구해야 한다.

명세서의 예. 회계에 의문점이 있다면 설명을 요구하자.

How to take your cat to the veterinarian
동물병원에 고양이 데리고 가기

대부분의 고양이는 동물병원에 가는 것을 싫어한다. 집사는 물론 고양이도 가급적 스트레스 받지 않고 병원에 갈 수 있는 방법을 소개한다.

고양이가 무서워하지 않도록

　이동장을 꺼내기만 해도 '동물병원에 간다'고 눈치 채고는 도망치는 고양이도 있다. 그런 고양이는 평소에 이동장을 꺼내두는 것이 정답이다. 숨숨집으로 사용하거나 그 안에서 간식을 주거나 장난감으로 놀아주며 이동장에 대한 경계심을 없앤다.

　병원에 갈 때는 이동장 안에 평소 사용하는 담요나 수건을 넣어주면 좋다. 자기 냄새가 나서 차분해질 수 있다. 이동 중에 낯선 경치가 보이면 두려워할 수 있으므로 밖이 보이는 이동장에는 수건을 둘러 보이지 않게 한다. 병원 대기실에도 다른 반려동물이 있으니 수건은 두른 채로 둔다. 병원 대기실에서 이동장의 문을 열면 뛰쳐나올 위험이 있으니 그만두자.

　진료실에서는 먼저 집사에 대한 문진이 이루어진다. 그 동안에도 고양이는 이동장 안에 있다. 수의사의 지시가 있을 때까지 이동장에서 꺼내지 않는다.

  진찰과 치료가 이루어지는 동안 고양이를 격려할 마음에서 'OO야, 힘내!' 하고 긴장하여 높은 억양으로 말을 건네는 것은 좋지 않다. 고양이를 더 겁주거나 흥분시킬 뿐이다. 고양이에게 말을 건넬 때는 온화하고 차분한 분위기를 유지한다. 병원에서 돌아오면 고양이에게 '오늘 잘했어'라고 격려해주고 맛있는 간식을 주자.

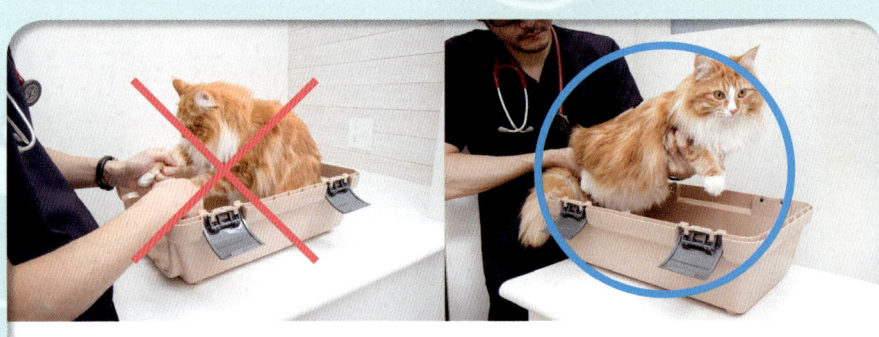

이동장에서 꺼내는 방법

겁 많은 고양이라면 수의사가 아니라 집사가 이동장에서 꺼내는 것이 좋다. 그때 앞발을 당겨 끌어내려고 하는 것은 좋지 않다. 고양이가 저항하면 쉽게 꺼낼 수 없다. 네 발을 모두 아래로 하여 공중으로 드는 형태로 하면 잘 꺼낼 수 있을 것이다.

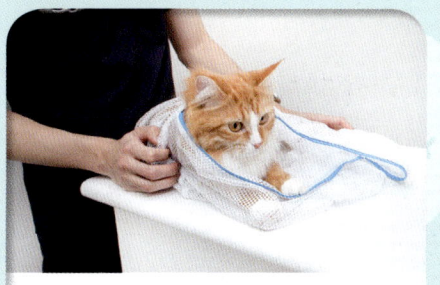

세탁망에 넣으면 안심

흥분한 고양이가 진료실 안에서 도망치거나 높은 곳으로 뛰어오르면 큰일이다. 매번 날뛰는 고양이는 세탁망에 넣어 움직임을 제어한 후 이동장에 넣으면 된다. 주사만 맞는 것이라면 세탁망에 담긴 채로 얼마든지 가능하다. 망에 넣기만 해도 얌전해지는 고양이도 있다. 단, 이동장 이상으로 세탁망을 싫어하는 고양이도 있으니 잘 판단해야 한다.

※ 사진의 고양이는 얼굴을 내놓고 있지만 실제로는 온몸을 세탁망에 넣는다.

위쪽으로 열리는 하드커버 이동장

천으로 만든 이동장은 형태가 쉽게 무너지고 얼굴을 꺼내기가 어려워서, 병원에 다닐 때는 플라스틱으로 만든 단단한 이동장이 좋다. 구토물이나 배설물로 더러워져도 청소하기 간편하다. 게다가 위쪽으로 열리는 타입이라면 고양이는 이동장에서 나오지 않아도 간단한 진료를 받거나 주사를 맞을 수 있다.

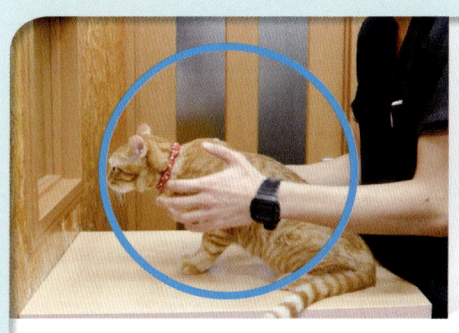
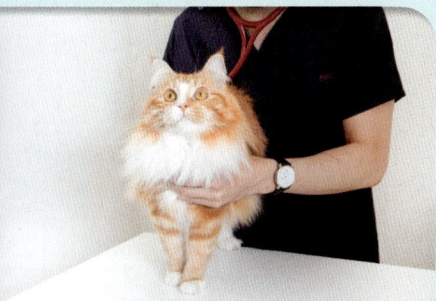

안정적으로 고양이를 잡는 방법

처치를 하려면 고양이를 안정적으로 잡아야 한다. 여러 가지 방법이 있지만 견갑골을 손으로 덮는 것도 그 방법 중 하나이다. 손을 펴서 접촉면을 최대한 넓히는 것이 요령이다. 동물병원에 따라서는 집사가 고양이를 잡아줘야 하는 곳도 있고 집에서 약을 먹일 때에도 도움이 된다.

Let's have regular medical checkups for cat

정기검진을 받자

말을 하지 못하는 고양이에게는 정기적인 검사로 건강 상태를 파악하는 것이 매우 중요하다. 숨어 있는 질병을 발견하여 조기에 치료할 수 있다.

건강 상태를 파악하기 위하여

앞서 말했듯이 동물은 몸 상태가 나빠지면 그것을 숨기려고 하는 본능이 있다. 또한 만성 신장병처럼 초기에는 증상이 명확하게 나타나지 않는 질병도 있다. 이처럼 모르는 사이에 진행되어 어느 날 갑자기 목숨이 위태로운 증상을 일으키는 병을 일명 '침묵의 살인자(silent killer)'라고 하는데, 이 같은 숨어 있는 질병을 발견하기 위해서라도 정기검진은 반드시 필요하다. 겉으로 보기에는 건강해 보여도 적어도 1년에 한 번은 검사받고 건강 상태를 파악해야 한다. 건강할 때의 데이터를 받아두면 상태가 나빠졌을 때 비교할 수 있는 자료가 된다.

정기검진을 하는 빈도

| 9세 이하 | 1년에 1회 |
| 10세 이상 | 반년에 1회 |

이 책을 감수한 Tokyo Cat Specialists에서는 AAFP(미국 고양이의학회)의 기준에 따라 정기검진의 빈도를 이와 같이 제시한다. 고령의 고양이는 더욱더 건강에 주의를 기울여야 하기 때문에 빈도가 높다. 10세 이상의 경우 항목에 따른 검사와 광범위한 검사를 반년마다 번갈아 받는 것이 좋다.

건강검진을 받을 때 백신 접종도 한다. 생일날에 검진하는 규칙을 정해두면 좋다.

→ 195쪽 만성 신장병

검사 내용은 수의사와 상담한다

한마디로 '건강검진'이라고 해도 여러 가지 항목이 있다. 촉진 같은 전신 검사는 기본이고, 그 외에 혈액검사, 소변검사, 대변검사, X선 검사, 초음파 검사가 있고 혈액검사에도 여러 항목이 있다. 많은 검사를 받으면 조사할 수 있는 범위가 넓어 안심할 수 있지만, 그만큼 고양이에게 스트레스를 주고 검사 비용도 더해지기에 현실적이지는 않다.

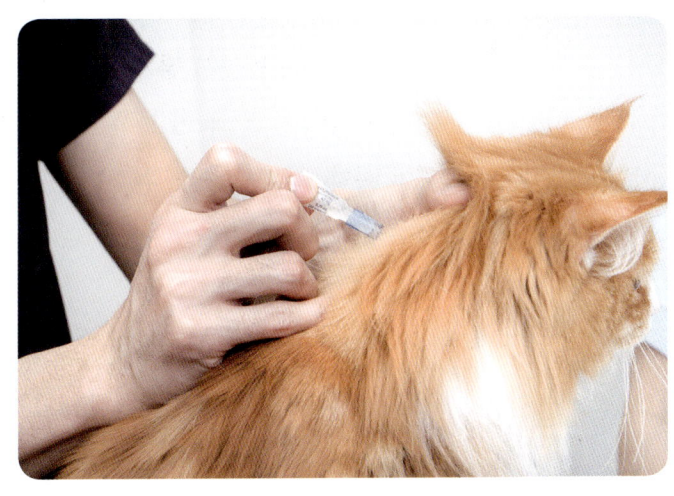

집 밖에 나가는 고양이는 한 달에 한 번 기생충 구제를 할 필요가 있다. 목 뒤에 묻히는 약으로 구제할 수 있다.

추천하는 방법은 그 연령에 많이 걸리는 질병에 맞추어 검사받는 것이다. 예컨대 새끼 고양이라면 X선 검사로 선천적인 이상은 없는지 확인하고, 7세 전후에는 초음파 검사로 비대형 심근증이나 염증성 장질환을 확인한다. 10세 이상은 혈액검사로 갑상선 기능 항진증을 조사하거나 무릎의 X선 검사로 관절염을 확인한다.

고양이의 상태에 따라 받아야 하는 검사가 다르기 때문에 주치 수의사와 상담하여 검사 내용을 결정하자. 비용이 얼마나 들지도 함께 검토한다.

➲ 194쪽 심근증

➲ 199쪽 염증성 장질환

➲ 196쪽 갑상선 기능 항진증

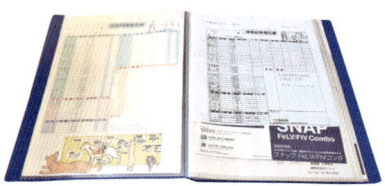

혈액검사 결과는 종이로 받을 수 있다. 중요한 기록이므로 파일에 넣어서 보관하자. 다른 병원으로 옮길 때나 갑작스럽게 아파서 단골 동물병원이 아닌 다른 병원에 가야 할 때 도움이 된다.

주요 검사 항목

신체검사
모든 검사의 기본. 시진, 청진, 촉진, 체중이나 체온 측정을 한다. 구취로도 질병 여부를 알 수 있다.

혈액검사
채혈하여 검사한다. 병원 내에서 결과를 알 수 있는 것과 외부 검사기관에 보내어 조사하는 것이 있고 비용도 각기 다르다.

소변검사 & 대변검사
현미경으로 소변 속에 세균이나 결정이 있는지 검사하고 시험지로 소변의 pH를 검사하기도 한다. 집에서 채뇨·채변할 수 있다면 고양이를 데리고 병원에 가지 않아도 검사할 수 있다.

X선 검사
X선으로 몸의 내부를 찍어 내장이나 뼈의 형태를 조사한다. 요로결석이 보이기도 한다.

초음파 검사
초음파를 이용하여 몸의 내부를 모니터로 볼 수 있다. X선보다 장기를 세밀하게 볼 수 있고 실시간으로 심장의 움직임 등을 관찰할 수 있다.

Virus check & vaccine
바이러스 체크와 백신 접종

고양이의 감염증 중에는 증상이 나타나면 목숨이 위태로운 것도 있다. 감염증을 예방하는 데에는 백신이 효과적이다.

길고양이는 접종 전에 바이러스 체크를

백신이란 감염증을 일으키는 바이러스를 혈액 안에 소량 투여하는 것으로, 그 감염증에 대한 면역을 만드는 것이다. 사전에 면역력을 키움으로써 100%는 아니지만 그 질병을 예방할 수 있다. 현재 6종류의 질병에 대한 백신이 있다.

백신 접종을 하기 전에 길고양이나 보호 중인 유기묘는 채혈하여 바이러스를 체크한다. 바이러스 체크에 필요한 혈액은 0.3ml 정도로 소량이라 새끼 고양이도 할 수 있다.

길고양이나 유기묘의 경우에 고양이 백혈병 바이러스나 고양이 면역부전 바이러스(고양이 에이즈)를 이미 가지고 있을 가능성이 있는데, 그런 경우에는 고양이에게 그 병의 백신을 주사해도 의미가 없다.

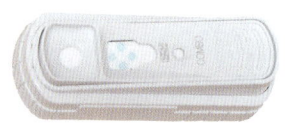

고양이 백혈병 바이러스와 고양이 면역부전 바이러스(고양이 에이즈)는 병원 내에서 키트를 사용하여 검사할 수 있다. 혈액을 이 키트에 떨어뜨리면 10분 정도 후에 결과를 알 수 있다.

반대로, 바이러스에 감염된 고양이와 함께 사는 고양이는 감염 확산을 막기 위해 그 감염증의 백신을 반드시 접종해야 한다.

어떤 백신을 맞아야 할까?

고양이의 백신에는 3종 백신, 5종 백신, 7종 백신, 단독 백신 등이 있다(176쪽 참조).

3종 백신은 '코어백신'이라고 하며 모든 고양이에게 접종이 권장되고 있다. 고양이 칼리시 바이러스나 고양이 파르보 바이러스에는 강한 감염력이 있어 집사의 옷이나 신발에 묻어 집 안으로 들어오기도 하기 때문에, 실내에서 키우는 고양이에게도 접종이 권장된다.

5종 백신에는 앞의 3종에 더하여 고양이 클라미디아 감염증과 고양이 백혈병 바이러스 감염증이 포함된다. 고양이 백혈병 바이러스 감염증은 고양이 간의 긴밀한 접촉(싸움, 교미, 상호 그루밍, 식기 공유 등)에 의해서 옮는다. 따라서 실내에서 키우는 고양이로, 같이 살고 있는 다른

가능하다면 온전히 실내에서만 키우는 것이 바람직하지만 밖에 나가는 습관이 있는 고양이는 백신으로 감염증을 예방하자. 단, 백신의 효과가 100%는 아니다.

고양이가 바이러스를 보유하고 있지 않다면 5종이 아니라 3종으로 충분하다. 길고양이와 접촉할 수도 있는 외출이 자유로운 고양이는 5종을 접종하는 편이 안심이 될 것이다. 7종 백신은 여기에 칼리시 바이러스를 3종류로 늘린 것으로, 가장 넓은 범위를 커버하는 백신이다.

단독으로 접종하는 고양이 면역부전 바이러스(고양이 에이즈)의 백신도 있다. 고양이 에이즈에는 A~F의 6가지 타입이 있고 일본에서는 B 타입이 많은데, 이 백신은 A, D 타입이라 다른 백신만큼의 효과는 기대할 수 없다. 고양이

백신의 종류

병명 \ 백신	3종 백신	5종 백신	7종 백신	단독 백신
고양이 바이러스성 비기관염 (고양이 헤르페스 바이러스 감염증)	○	○	○	
고양이 칼리시 바이러스 감염증	○	○	○○○	
고양이 범백혈구 감소증 (고양이 파르보 바이러스 감염증)	○	○	○	
고양이 클라미디아 감염증		○	○	
고양이 백혈병 바이러스 감염증		○	○	
고양이 면역부전 바이러스 감염증 (고양이 에이즈)				○

※ 7종 백신은 3종류의 고양이 칼리시 바이러스에 대한 면역력을 키워준다.
※ 각 병명에 대해서는 191~193쪽 참조.

에이즈의 감염 위험이 높은, 외출이 자유로운 고양이나 고양이 에이즈 바이러스 감염묘와 같이 사는 고양이는 접종을 고민해볼 수 있다.

백신을 맞는 시기와 횟수

한번 만들어진 면역은 시간이 지나면서 서서히 약해진다. 그 때문에 정기적으로 추가 접종을 하여 면역력을 유지해야 한다.

3종 백신의 효과는 3년 이상 지속된다는 연구 결과가 있으므로, 기본적으로는 3년에 한 번 접종하는 것이 좋다. 그러나 개중에는 효과가 3년간 이어지지 않는 고양이도

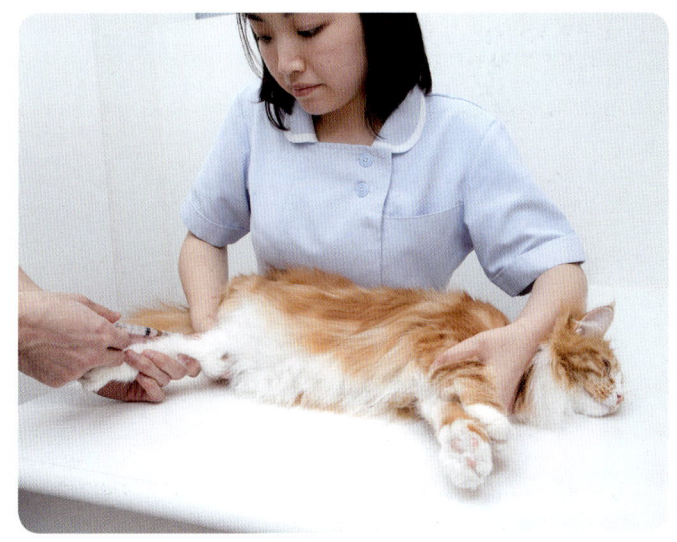

백신을 접종하는 모습. WSAVA(세계 소동물수의사회)나 AAFP(미국 고양이의학회)에서는 3년에 1회의 백신 접종을 권장하고 있다.

있어 1년에 1회의 접종을 장려하기도 한다. 최종적인 판단은 집사가 하지만, 외출이 자유로운 고양이나 감염묘와 같이 사는 고양이, 반려동물 호텔을 자주 이용하는 등 위험에 노출될 가능성이 높은 환경에 있는 고양이는 1년에 1회, 실내에서만 지내는 고양이로 다른 고양이와의 접촉이 전혀 없는 고양이는 3년에 1회 접종한다.

백신의 위험도 알고 있어야

백신 접종으로 무서운 감염증을 예방할 수 있지만 의료 행위에는 위험도 따르기 마련이다. 백신에도 몇 가지 위험이 뒤따른다.

백신은 몸속에 바이러스를 넣는 것이기 때문에 발열 등의 반응이 동반된다. 따라서 몸 상태가 나쁜 날에는 접종을 피하고, 접종한 당일에는 가능한 한 고양이 곁에서 상태를 살핀다.

또 드물지만, 과민성 쇼크를 일으키기도 한다. 과민성 쇼크란 알레르기 반응의 일종으로, 혈압이 낮아지거나 호흡곤란을 일으켜 죽음에 이르기도 한다. 고양이에게 과민성 쇼크가 발생하는 비율은 일본에서는 0.009%에 불과하지만 만일을 위해 접종 후에는 잠시 동물병원에 머무르는 것이 좋다. 증상은 접종 후 0~30분 이내에 곧바로 나타나고 치료는 분초를 다툰다.

백신을 맞는 부위

✕ 견갑골 사이
예전에는 견갑골 사이에 백신을 접종했는데 여기에 육종(암)이 생기면 절제하기 어렵기 때문에 요즘에는 다리 끝에 접종할 것을 권장한다.

△ 꼬리
가장 절제하기 쉬운 꼬리에 접종해야 한다는 의견도 있다. 그러나 민감한 꼬리는 통증이 심해 싫어하는 고양이가 대부분이라서 현실적이지 않다는 의견도 있다.

○ 다리
다리 끝이라면 만일 육종이 생겨도 절제하여 살아남을 수 있다. 위험을 더욱 낮추기 위해 매번 다른 다리에 맞는 것도 좋을 것이다.

Pet doctor's advice...

새끼 고양이에게 처음으로 백신을 맞힐 때는 3~4주 간격으로 여러 차례 접종한다. 거기에는 이런 이유가 있다. 새끼 고양이는 어미의 초유에서 항체를 받는다. 한동안은 이 항체가 새끼 고양이를 감염에서 지켜주지만 점차 효과가 약해지며 사라진다. 그러면 새끼 고양이는 바이러스 무방비 상태가 되기 때문에 백신으로 항체를 만들어줄 필요가 있다. 사실 어미에게 물려받은 항체가 남아 있으면 백신의 효과가 나타나지 않는다. 빠르면 생후 9주, 늦어도 15주에 항체가 사라지기 때문에 그 시기를 모두 보완할 수 있도록 여러 차례 백신을 접종하는 것이다.

또한 0.01% 이하의 확률이지만 주사를 맞은 부분에 육종(암)이 생기기도 한다. 백신뿐만 아니라 일반 주사를 맞은 부위에도 발생하기 때문에 '주사 부위 육종'이라고 부른다. 낮은 확률이지만 육종이 생길 경우를 대비하여 백신은 다리 쪽에 맞을 것을 권한다. 다리라면 최악의 경우 육종이 생긴 부분을 절제할 수 있기 때문이다. 예전에는 견갑골 사이에 접종하는 것이 보통이었지만 육종이 생길 경우에 어깨는 절제 수술을 하기 어려워 지금은 권하지 않는다. 또한 가장 간단히 절제할 수 있는 꼬리에 접종해야 한다는 의견도 있다.

흔치 않지만 백신 접종에는 이런 위험이 따르기 때문에 집 안에서만 길러 덜 위험한 환경에 있는 고양이는 접종 횟수를 1년에 1회보다 3년에 1회로 줄이는 것이 바람직하다고도 한다. 백신 접종 시에는 접종에 따른 위험에 대해 제대로 설명을 듣고 나서 결정한다(informed consent). 의문점이 있으면 주저 말고 질문하여, 백신 접종의 장단점을 제대로 이해하는 것이 중요하다.

Knowledge of neutering
중성화수술에 대하여

번식을 원하지 않는 경우에는 중성화수술을 권장한다. 수술로 얻을 수 있는 이로운 점과 해로운 점을 알아보자.

🐱 중성화수술의 이점

고양이는 교미할 때의 자극에 의해 배란하는, 사람과는 다른 번식 시스템을 가지고 있다. 그 때문에 교미하면 높은 확률로 임신한다. 한 번에 낳을 수 있는 새끼는 4마리 내외로, 영양 상태가 좋으면 고양이는 1년에 2~3회 발정하기 때문에 방치해두면 점점 고양이가 늘어난다.

번식을 원하지 않는다면 불임·거세 수술을 해야 하는데, 중성화수술에는 그 밖에도 몇 가지 이점이 더 있다. 첫째, 성 특유의 질병을 예방할 수 있다. 암컷은 유선종양이나 자궁축농증, 난소암을 예방할 수 있다. 유선종양은 90%가 악성이며 전이되거나 재발하기도 쉬운데, 불임수술을 받지 않은 고양이는 수술받은 고양이에 비하여 유선종양에 걸릴 위험이 7배나 높다는 데이터도 있다.

둘째, 성호르몬에 의한 문제 행동을 예방할 수 있다. 발정기에는 큰 소리로 울거나 소변으로 자주 마킹(스프레이)

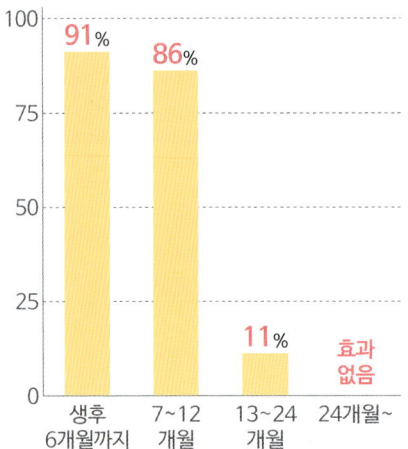

생후 12개월 전까지 불임수술을 하면 유선종양 예방에 매우 효과적이다. 이미 여러 차례 발정한 뒤인 1세 이후에는 불임수술의 효과가 낮아진다.

을 하는 등의 행동을 보일 수 있다. 또한 짝을 찾아 탈주를 꾀하거나 암컷을 두고 수컷끼리 싸움을 벌이기도 한다. 이런 문제 행동을 없애고 사람과 고양이의 생활을 편안하며 쾌적하게 만들기 위해서라도 수술은 효과적이다. 더불어 집 밖에서 길고양이와 싸우다가 감염증이 옮아 올 위험을 줄일 수도 있다.

➲ 191쪽 감염증

➲ 202쪽 유선종양

수술의 위험성도 알자

그럼에도 불구하고 수술에 대하여 두려움을 느끼는 사람이 많을 것이다. 수술 자체는 복잡하지 않고 기껏해야 30분 이내에 끝나는 위험성이 낮은 것이다. 하지만 전신마취를 해야 하는 수술이기에 위험을 동반한다. 이것은 사람의 수술과 다르지 않다. 그러나 고양이가 전신마취에 의해 사망하는 사례는 몇 천 분의 1로 매우 낮다.

중성화수술을 하는 시기는 수술에 견딜 만큼 체력이 생기는 생후 4~6개월 무렵이 적당하다. 위쪽 그래프와 같이 암컷에게는 유선종양의 예방 효과가 높은 시기이기도 하

다. 수컷은 첫 발정기를 맞이하면 그 후에 수술해도 스프레이 등의 문제 행동이 고쳐지지 않기 때문에 첫 발정 전에 수술하는 것이 좋다.

Pet doctor's advice

불임·거세 수술을 한 뒤에는 고양이가 필요로 하는 에너지가 줄어서 지금까지 먹던 대로 밥을 주면 쉽게 살이 찐다. 수술 후에 먹는 고양이용 사료를 이용하여 비만을 예방할 수 있다. 똑같은 양을 주더라도 열량을 낮추기 위한 집사의 노력이 필요하다. 또한 거세 후 수고양이는 요석증에 걸리기 쉽다. 평소 화장실에서의 모습을 관찰하거나 정기적으로 소변검사를 받는 등 주의를 기울인다.

약을 먹이는 방법

How to give cat's medicine

고양이의 몸 상태가 나쁠 경우 집에서 집사가 직접 약을 먹여야 할 때도 많다. 고양이에게 약 먹이는 방법을 알아보자.

솜씨 좋게 약을 먹이기 위해

투약에 앞서 먼저 주의할 것은 자신의 판단으로 사람이 먹는 약을 고양이에게 먹여서는 안 된다는 사실이다. 사람이 먹는 약 중에는 고양이에게 중독을 일으키는 것이 많아서 반드시 동물용 약을 사용해야 한다. 동물병원에서는 사람이 먹는 정도의 양을 처방하기도 하는데, 그것은

	장점	단점
알약	• 정확한 양을 투여할 수 있다. • 익숙해지면 단시간에 투여할 수 있다.	• 먹었다고 생각하지만 나중에 토하기도 한다. • 물릴 가능성이 있다.
캡슐약	• 쓴 약이라도 맛을 숨길 수 있다.	• 입안에 붙어서 알약보다 먹이기 어렵다. • 캡슐을 씹으면 약의 쓴맛이 입안에 퍼진다.
가루약	• 물에 풀어서 먹일 수 있다. • 사료에 섞어서 먹이기 쉽다.	• 고양이가 맛을 쉽게 알아본다. • 약을 흘리면 양이 정확하지 않다.
액체약	• 양을 조절하기 쉽다. • 시럽 자체에 맛이 있으면 먹이기 쉽다.	• 흘리면 양이 정확하지 않다. • 액체로 유통되는 약은 한정되어 있다.

고양이에게 나쁜 영향을 주지 않는 약이다. 전문 지식 없이 사람이 먹는 약을 주는 것은 위험하다. 예컨대 두통약에 들어 있는 아세트아미노펜이라는 성분은 고양이에게 유해하여 고양이가 한 알만 먹어도 죽음에 이르기도 한다.

고양이는 약 먹는 것을 싫어하는데, 그렇기 때문에 집사는 약 먹이는 방법을 잘 익혀 재빨리 끝내는 것이 중요하다. 약을 먹어야 할 때는 수의사에게 어떻게 먹이는지 설명을 듣는 게 좋다. 약을 먹으려고 하지 않는 고양이라면, 두 사람이 협동하여 한 사람은 고양이를 잡고 한 사람은 약을 주면 수월하게 먹일 수 있다.

약은 형태에 따라 크게 알약과 캡슐약, 가루약, 액체약으로 나눌 수 있다. 고양이에 따라서는 '가루약은 잘 먹지 못하지만 알약은 먹기도 하기'에 주치 수의사에게 약의 타입을 바꿀 수 있는지 상담해본다.

알약·캡슐약

❶ 고양이의 머리를 위로 향하게 한다

한쪽 손으로 고양이의 머리를 잡고 위쪽으로 향하게 한다. 이때 고양이의 광대뼈(눈 바로 옆)를 잡으면 간단히 할 수 있다. 코를 75도 각도로 향하게 한다.

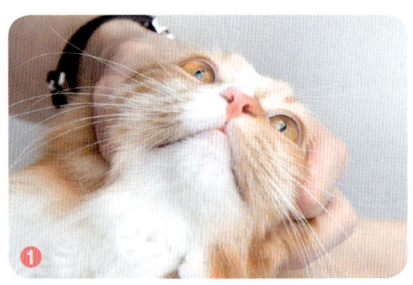

❷ 입안에 약을 넣는다

엄지손가락과 집게손가락으로 약을 집은 채 가운뎃손가락을 고양이의 앞니에 대고 입을 벌린다. 그대로 혀 안쪽(아래 사진의 동그라미 부분)을 향해 약을 넣는다.

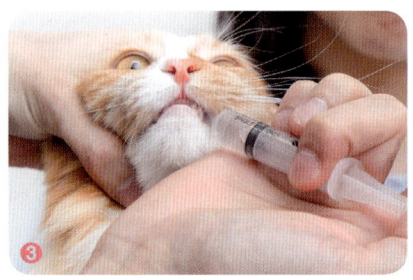

❸ 물을 먹인다

고양이의 입을 닫고 머리를 위로 향한 채 약을 삼킬 때까지 기다린다. 고양이가 약을 목 뒤로 꿀꺽 삼키면 OK. 그 뒤에 주사기로 물을 먹이면 약이 위까지 흘러내려가 식도염을 예방할 수 있다(물을 먹이는 방법은 액체약과 같다).

※ 알약을 부수어 가루약으로 먹일 수도 있다. 단, 쓴 약은 가루로 만들면 먹이기 어렵다. 약의 맛에 대해서는 수의사에게 물어본다.

액체약·가루약

송곳니 뒤로 흘려 넣는다

주사기에 액체약(또는 가루약을 물에 푼 것)을 넣고 송곳니 뒷부분의 틈새(아래 사진의 동그라미 부분)로 흘려 넣어 먹인다. 한꺼번에 흘려 넣으면 자칫 잘못 삼킬 위험도 있으니 주의한다. 주사기는 사진처럼 쥔다. 주사를 놓는 것처럼 주사기를 쥐면 양을 조절하기 어렵다.

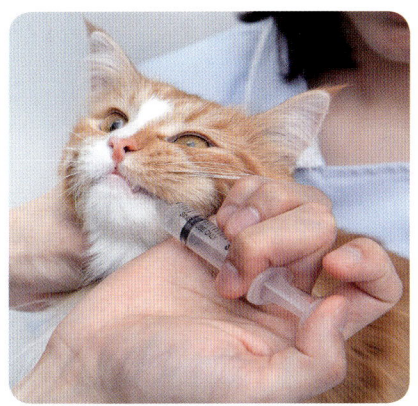

가루약은 0.5cc 정도의 물에 푼다. 물이 너무 많으면 먹이기 힘들고 잘못 삼킬 위험도 커진다.

안약

고양이 뒤쪽에서 점안한다

고양이에게 사각지대인 뒤쪽에서 넣는 것이 좋다. 안약 용기를 쥔 손을 고양이 머리에 대고 약간 뒤로 당기면 고양이의 눈이 크게 열린다. 안약을 떨어뜨린 후 눈꺼풀을 닫고 가볍게 문지른다.

안약 용기 끝이 고양이 눈에 닿으면 세균을 퍼뜨릴 우려가 있으니 주의한다.

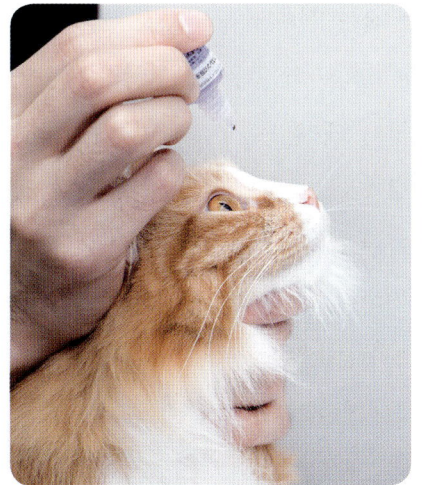

그 밖의 방법

🐱 동물용 맛과 향을 넣은 약을 선택한다

소고기 맛처럼 고양이가 좋아하는 맛과 향을 넣은 약이 있다. 투약이 필요할 때 맛과 향을 넣은 약이 있는지 물어보자. 먹보 고양이라면 혀로 핥아 먹을지도 모른다.

🐱 시럽이나 버터, 요구르트에 섞어 핥아 먹게 한다

시럽이나 버터, 요구르트 등을 잘 핥아 먹는 고양이라면 여기에 가루약을 섞어도 좋다. 코끝이나 입안에 묻히면 핥는다. 단, 염분이나 당분, 지방분을 과잉 섭취한다는 단점이 있다. 이 방법으로 약을 먹여도 좋은지 단골 동물병원에 상담해보자.

개나 고양이를 위한 투약 보조식품. 페이스트 형태의 사료로 알약이나 캡슐약을 싸서 간식처럼 준다.

🔴 좋아하는 습식 사료나 닭가슴살에 섞는다

알약을 그대로 사료에 섞는 방법, 가루약을 습식 사료에 섞거나 닭가슴살에 싸서 주는 방법 등이 있다. 단, 경계심이 강한 고양이라면 먹지 않는 것은 물론이고, 다음에 같은 것을 주었을 때 '또 약을 넣었다'고 의심하여 입도 대지 않는다. 그 때문에 고양이의 주식이 아닌 평소에는 잘 주지 않는 특별한 음식에 섞어서 주는 것이 좋다.

치료식으로 바꾸는 방법

만성 신장병이나 요석증 등의 치료에는 식사요법이 중요하다. 따라서 치료식을 먹이는 것은 매우 중요한 과제가 된다. 기본은 갑자기 치료식으로 바꾸는 것이 아니라, 먹고 있는 것을 조금씩 줄이는 만큼 치료식의 양을 늘려가는 것이다. 첫째 날은 지금까지 먹던 사료와 치료식을 9:1의 비율로, 둘째 날은 8:2의 비율로… 이런 식으로 조금씩 천천히 치료식의 양을 늘린다. 치료식이 마음에 들지 않아 남길지도 모르지만, 곧바로 다른 사료를 주는 것은 좋지 않다. 일단 치웠다가 시간을 두고 다시 준다. 습식이라면 조금 데워서 주어도 괜찮다. 따뜻하면 향이 올라와서 식욕을 자극하기도 한다. 건식에 습식을 소량 얹어 보는 것도 좋을 것이다. 3~4주에 걸쳐 치료식으로 옮겨간 경우도 많으니 며칠 시도해보고 포기하지 않는다. 온종일 먹지 않을 때는 단골 동물병원에 상담해보자.

➔ 195쪽 만성 신장병 / 요석증

Common sick of cats
고양이가 걸리기 쉬운 질병

고양이가 걸리기 쉬운 질병에 대한 지식을 갖추어두면 그 병을 예방하거나 조기에 발견하여 신속하게 치료할 수 있다.

어떤 병이 있는지 알아두자

고양이가 걸릴 수 있는 질병에는 여러 가지가 있는데, 여기서는 대표적인 것을 소개한다. 사람의 질병과 병명이 같은 것도 있지만 고양이 특유의 질병도 있다. 집사가 질병에 대한 기초 지식을 가지고 있으면 고양이의 건강을 지킬 수 있다. 질병의 원인을 알고 예방하는 데 노력하는 것은 물론, 증상에 대한 지식이 있다면 조기에 발견할 수 있다. 치료가 늦어지면 손쓸 수 없는 병이 많다. 고양이의 건강을 지킬 수 있는 것은 집사뿐이라는 사실을 잊지 말고 기초적인 지식을 익혀두자.

감염증

+ 고양이 감기 고양이 바이러스성 비기관염, 고양이 칼리시 바이러스 감염증, 고양이 클라미디아 감염증

원인	감염묘의 재채기나 콧물에 들어 있는 병원체에 접촉함으로써 옮는다. 감염되면 이후 회복해도 바이러스가 신경세포 등 몸속에 잠복하는 '보균묘'가 되어, 면역력이 약해지면 바이러스가 활발해져서 증상을 일으킨다.
증상	사람의 감기처럼 재채기, 콧물, 기침, 발열 등의 증상이 나타난다. 고양이 클라미디아는 결막염, 고양이 칼리시 바이러스는 구내염이나 설염, 침 흘림 등의 증상도 나타난다. 동시에 여러 마리가 고양이 감기에 걸리면 위독해진다.
예방과 치료	백신으로 예방이 가능하다. 평소 보온과 보습에 신경 쓰는 것도 예방에 효과적이다. 고양이 감기라고 하지만 새끼 고양이는 목숨이 위태로울 수 있으므로 조기에 치료해야 한다. 증상이 나타나면 항생물질을 투여하거나 인터페론 주사로 치료한다.

+ 고양이 면역부전 바이러스 감염증 고양이 에이즈

원인	감염묘와 싸우다가 물리거나 할퀴어서 상처가 생기면 타액이나 혈액으로 옮는다.
증상	'급성기→무증상 잠복기→발병기'의 3단계를 거친다. 감염 후 1개월 정도가 지나면 발열이나 설사 같은 증상이 나타나는데(급성기), 증상이 가벼워서 알아차리지 못하기도 한다. 그 후 건강한 시기가 수개월에서 몇 년간 이어지고(무증상 잠복기), 그대로 수명을 다할 때까지 사는 일도 많다. 발병하면 면역부전 상태에 빠져 쇠약해지고 죽음에 이른다.
예방과 치료	감염묘와 접촉하지 않으면 옮지 않는다. 백신도 있지만 예방 효과는 매우 낮다. 증상이 나타나면 효과적인 치료법이 없어 대증요법으로 고통을 완화시켜주는 것밖에 할 수 없다. 감염묘는 다른 감염증에 걸리지 않도록 실내에서 키우고 스트레스를 받지 않도록 주의한다. 혈액검사로 감염 여부를 확인할 수 있다.

여러 마리의 고양이를 키우는 경우, 감염증이 다른 고양이에게 옮을 위험이 있다. 고양이 감기에 걸린 고양이는 나을 때까지 다른 방에서 돌본다. 고양이 파르보 바이러스나 고양이 백혈병 바이러스에 감염된 고양이는 다른 방에서 키워 감염 확산을 막는다.

+ 고양이 백혈병 바이러스 감염증

원인	감염묘의 혈액이나 타액으로 옮는다. 싸움했을 때의 상처나 그루밍, 식기 공유 이외에도 어미 고양이가 감염되어 있다면 모유를 통해 새끼에게 옮는다.
증상	발열이나 림프절이 붓는 등의 초기 증상이 치유된 뒤 바이러스가 사라져 회복하는 고양이와 건강해 보여도 바이러스가 체내에 계속 잠복하고 있는 고양이로 나뉜다. 발병하면 면역부전, 빈혈, 림프종 등의 증상이 나타나고 죽음에 이른다.
예방과 치료	백신을 접종하거나 감염묘와의 접촉을 피함으로써 예방한다. 발병하면 효과적인 치료법이 없어 대증요법으로 고통을 완화해주는 수밖에 없다. 혈액검사로 감염 여부를 확인할 수 있다.

+ 고양이 범백혈구 감소증 고양이 파르보 바이러스 감염증

원인	감염묘의 배설물이나 타액에 들어 있는 고양이 파르보 바이러스 감염이 원인이다. 바이러스가 매우 강해 외부에서 1년 이상 생존할 수 있고, 고양이가 직접 접촉하지 않아도 집사가 묻혀 들어온 바이러스에 의해 감염되기도 한다.
증상	급성 장염으로 인한 극심한 설사와 구토를 일으킨다. 특히 새끼 고양이는 죽음에 이르는 일이 많다.
예방과 치료	백신으로 예방이 가능하다. 발병하면 유효한 치료법이 없어 대증요법밖에 할 수 없다. 감염묘는 격리하고 감염묘와 접촉한 물건은 염소계 소독제로 소독하여 감염 확산을 막는다.

+ 고양이 전염성 복막염

원인	감염묘의 대변 속에 있는 고양이 코로나 바이러스가 원인이다. 바이러스는 바짝 마른 상태에서도 약 7주간 생존할 수 있고, 직접 접촉하지 않아도 집사가 바이러스를 묻혀 들어오기도 한다. 고양이 코로나 바이러스에 감염되어도 증상이 나타나지 않거나 가볍게 나타나는 경우가 대부분인데, 고양이의 몸속에서 전염성 복막염 바이러스로 변이하면 중증으로 발병한다.
증상	발열이나 구토, 설사, 체중 감소 등. 중증이 되면 며칠 만에 죽는다. 복수나 흉수가 차는 습식 타입과 신장이나 림프절에 단단한 멍울이 생기는 건식 타입이 있다.
예방과 치료	발병하면 효과적인 치료법이 없어 대증요법밖에 할 수 없다.

✚ 고양이 전염성 빈혈 고양이 헤모플라스마 감염증

원인	적혈구에 기생하는 마이코플라스마・헤모페리스라는 병원체의 감염이 원인이다. 감염묘와 싸우다가 상처를 입거나 벼룩이나 진드기를 매개로 옮긴다. 모자감염도 있다.
증상	적혈구가 파괴되어 빈혈을 일으킨다. 중증이 되면 황달이 오거나 호흡수가 증가한다.
예방과 치료	감염묘와의 접촉을 피하고 기생충 구제로 예방한다. 발병하면 항생물질이나 수액, 수혈로 치료한다. 소독이나 구충으로 감염 확산을 막는다.

피부병

✚ 외부 기생충증 벼룩, 진드기

원인	집 밖에 서식하는 벼룩이나 진드기가 피부나 귓속에 기생한다. 집사가 집 밖에서 묻혀 들어오기도 한다.
증상	가려움증, 피부염, 탈모, 비듬, 부스럼 등. 얼굴이나 귓속, 꼬리가 시작되는 부분(엉덩이)에 증상이 나타나는 경우가 많고 중증이 되면 빈혈을 일으킨다. 가려움증이 생기지 않는 진드기도 있고, 사람에게 옮는 것도 있다.
예방과 치료	구충제를 투여한다. 실내에서도 기생충이 확산될 수 있기 때문에 청소나 소독을 하여 재발을 막는다. 벼룩을 짓눌러 죽이면 알이 흩어져 퍼지므로 주의한다.

✚ 알레르기성 피부염

원인	고양이에 따라 알레르기 항원이 다르지만 대개 벼룩이나 꽃가루, 집진드기, 곰팡이, 특정 음식에 알레르기를 일으킨다.
증상	피부에 심한 가려움증이나 발진, 비듬이 생기고, 고양이가 마구 긁어대어 상처나 탈모를 만든다. 벼룩의 경우에는 단순한 기생충증과 달리 몇 마리만 기생해도 온몸에 극심한 피부염을 일으키기도 한다.
예방과 치료	알레르기 항원을 특정하고 없애준다. 음식 알레르기가 있다면 사료를 바꾼다. 항염증제 등으로 가려움증을 완화한다. 사육 환경을 청결하게 유지하고 구충에도 주의를 기울인다.

✚ 피부사상균증 백선

원인	진균(곰팡이)이 원인이다. 감염묘와 접촉하거나 진균이 있는 환경에서 옮는다. 집사의 무좀에서 옮기도 한다.
증상	얼굴이나 귀, 다리 등에 원형 탈모가 생기고 비듬이나 부스럼, 발진도 나타난다. 가려움증은 적다.
예방과 치료	항진균약을 먹이거나 발라서 치료하는데, 완치하는 데는 시간이 걸린다. 실내를 청소하거나 소독하여 재감염을 막는다.

✚ 일광피부염

원인	강한 자외선을 지나치게 쬔 것이 원인이다. 멜라닌 색소가 적은 흰 고양이나 흰 부분이 있는 고양이에게 많다. 편평상피암(202쪽)의 원인이 된다.
증상	귀 끝이나 코끝처럼 털이 적은 부분에 탈모나 비듬, 가려움증, 부스럼이 생길 수 있다. 악화되면 궤양이 되기도 한다.
예방과 치료	유리창에 자외선 차단 시트를 붙이거나 하여 자외선을 차단한다. 항염증제나 항생물질로 치료한다.

순환기

✚ 심근증

원인	대부분 원인을 알 수 없지만 유전이나 타우린 부족이 원인인 경우도 있다. 여러 유형이 있는데 비대형 심근증이 가장 많고 중간 연령 이후에 발병하는 일이 많다.
증상	초기에는 증상이 거의 없다. 병이 진행되면 호흡곤란을 일으키거나 실신하기도 한다. 심장 안에 생긴 혈전은 뒷다리의 혈관에 쌓이는 일이 많아 뒷다리가 돌연 마비되거나 차가워진다. 처치가 늦으면 마비가 남는다.
예방과 치료	치료는 할 수 없고 투약으로 증상을 완화시킨다. 혈전은 빨리 제거할수록 효과가 높다. 초음파 검사로 조기에 발견할 수 있다.

비뇨기

+ 방광염

원인	방광에 세균이 침입하거나 방광에 생긴 요석이나 결정이 방광 내에 상처를 입히고 염증을 일으킨다. 세균이나 결정이 보이지 않는 것은 특발성 방광염이라 불리는 것으로, 대개 스트레스가 원인이다.
증상	혈뇨나 빈뇨, 배뇨 중 통증, 화장실 밖에 배뇨하는 등. 중증이 되면 배를 만졌을 때 아파한다.
예방과 치료	투약으로 염증과 통증을 가라앉힌다. 요석증이 원인인 경우에는 그것을 치료한다. 치료식으로도 효과를 볼 수 있다. 고양이가 배뇨를 참지 않도록 화장실 환경을 정돈하고 물을 많이 마시게 하여 예방할 수 있다.

+ 요석증

원인	방광 안의 소변에 미네랄분이 응고하여 결정이나 결석이 생긴다. 요도가 가느다란 수고양이나 비만 고양이가 쉽게 걸린다.
증상	결정이나 결석이 방광이나 요도에 상처를 내어 염증을 일으킨다. 요도에 소변이 쌓여 배뇨하지 못하는 상태(요도폐색)가 되면 요독증을 일으켜 목숨을 위태롭게 한다.
예방과 치료	치료식으로 요석을 녹인다. 큰 요석은 수술로 제거하기도 한다. 요도폐색은 한시라도 빨리 처치해야 한다. 미네랄분을 억제한 사료를 주고 물을 많이 마시게 하며 화장실 환경을 정돈하여 배뇨를 참지 않게 하여 예방한다.

+ 만성 신장병

원인	나이가 들면서 서서히 신장 기능을 잃어 고령이 되면 발병한다. 고양이의 대표적인 사인 중 하나이다. 세균이나 바이러스가 원인인 것도 있다.
증상	알아차리지 못하는 사이에 진행되어 신장 기능의 60% 정도를 잃으면 물을 마시고 소변을 많이 보는 증상이 나타나고 소변 색이나 냄새가 옅어진다. 그 후에 식욕부진, 구토, 설사 등 여러 가지 증상이 나타난다. 신장 기능을 거의 잃으면 요독증에 빠져 죽는다.
예방과 치료	효과적인 치료법은 없고 수액 등의 대증요법으로 고통을 완화해준다. 조기에 발견하여 가능한 한 진행을 늦추어주는 것이 최선이다. 물을 많이 마시게 하거나 신장에 좋은 사료를 주면 예방할 수 있다.

고양이는 본래 소변 관련된 병에 잘 걸리니까 조심해라옹~
물을 많이 마시고 미네랄이 많이 들어 있는
가다랑어포나 마른 멸치는 삼가야 한다냥~

✦ 급성 신부전증

원인	요석에 의한 요도폐색이나 사고로 인한 요도 손상으로 배뇨를 할 수 없는 경우, 중독이나 감염증이 신장에 피해를 주는 경우, 신장에 혈액이 보내지지 않는 경우 등으로 인해 신장 기능이 급격히 떨어진다.
증상	소변 양이 줄거나 소변이 아예 나오지 않는다. 구토, 탈수를 일으키고 요독증에 빠지면 경련이나 체온저하, 구취(암모니아 냄새) 등의 증상이 나타나고 단시간 내에 목숨을 잃는다.
예방과 치료	발병한 후 곧바로 치료하면 회복될 가능성이 높다. 수액으로 몸에 쌓인 유해물질을 배출하고 수혈이나 혈액투석을 하기도 한다. 요도폐색이나 손상이 원인이면 수술을 하기도 한다.

내분비 · 외분비

✦ 당뇨병

원인	췌장에서 분비되는 인슐린 양이 적어지거나 인슐린에 의한 반응이 나빠져 당분을 세포 내로 보내지 못한다. 유전이나 췌장염 등의 질병, 비만, 스트레스가 유발 원인이다. 비만 고양이는 적정 체중의 고양이보다 발병률이 4배 가까이 높다.
증상	물을 많이 마시고 소변을 많이 본다(다음다뇨), 먹지만 살이 빠진다, 걷는 모습이 이상하다. 증상이 진행되면 체중감소나 식욕 저하, 구토, 설사, 의식장애 등을 일으켜 죽음에 이른다.
예방과 치료	인슐린 주사나 식이요법에 의한 혈당 조절로 치료한다. 평소에 체중을 관리하여 예방한다.

✦ 갑상선 기능 항진증

원인	대사를 촉진하는 갑상선 호르몬이 과잉 분비되어 다른 장기에 부담을 주는 질병으로 원인은 밝혀지지 않았다. 10세 이상의 고령묘에 많다.
증상	차분하지 않다, 흥분하기 쉽다, 다음다뇨, 많이 먹지만 야윈다, 털에 광택이 없다, 구토, 설사 등. 고령의 고양이가 이 같은 증상을 보인다면 혈액검사를 통해 진단한다.
예방과 치료	투약이나 치료식으로 호르몬의 작용을 억제하거나 부은 갑상선을 수술로 제거한다. 조기에 치료를 시작하면 예후는 양호한 편이다.

여러 질병에서 다음다뇨의 증상이 나타난다옹~ 소변량이나 음수량에 변화가 보이면 병원으로~

+항문낭염

원인	항문 양옆에 있는 항문선의 분비물이 항문낭에 지나치게 쌓여 염증을 일으키거나 찢어진다.
증상	엉덩이에서 냄새가 나고 발열, 식욕 저하 등. 항문을 신경 쓰는 듯한 움직임도 보인다.
예방과 치료	항문낭을 정기적으로 짜주어 예방한다. 치료는 항염증제를 먹이거나 항문낭 내부의 세정이나 소독.

소화기

+내부 기생충증

원인	회충이나 촌충의 알을 삼키거나 기생충이 있는 벼룩이나 쥐를 먹으면 소화기관 내에 기생한다. 모자감염도 있다. 사상충은 모기로부터 옮아와 혈관 내에 침입하여 폐동맥이나 심장에 기생한다.
증상	회충이나 촌충이 있으면 발육부진, 설사, 구토, 복통 등. 그 수가 적으면 대개 증상이 없다. 사상충이 있으면 면역 과잉 반응을 일으키거나 돌연사하기도 한다.
예방과 치료	구충제로 구제한다. 감염묘의 대변으로 회충이나 촌충의 알이 배출되기 때문에 철저히 청소하여 감염 확산을 막는다.

+모구증

원인	그루밍을 하다가 삼킨 털이 위 안에 쌓여 토하거나 배설할 수도 없을 만큼 커지면 염증을 일으킨다. 털갈이 시기나 장모종, 고령인 고양이에 많다. 피부병이 있는 고양이가 지나치게 그루밍을 해서 발병하기도 한다.
증상	구토나 변비 등. 헤어볼이 위의 출구를 막으면 복통이나 구토가 심해진다.
예방과 치료	헤어볼 제거제를 주어 변으로 배출시킨다. 헤어볼로 폐색이 되는 경우에는 수술해야 한다. 빗질을 자주 해서 고양이가 삼키는 털을 줄여 예방한다. 헤어볼의 배출을 촉진하는 사료나 건강보조식품도 효과적이다.

+ 장폐색

원인	이물질을 잘못 먹은 것이나 종양에 의한 장관 압박, 장중첩증 등이 원인으로 장의 내용물이 통과할 수 없게 된다.
증상	복통, 구토, 가스가 쌓여 복부가 부풀어 오른다. 중증이 되면 탈수나 복막염을 일으켜 죽음에 이른다.
예방과 치료	대부분은 개복수술로 이물질이나 종양을 적출한다. 고양이가 오식할 위험이 있는 것은 치워 예방한다.

+ 거대결장증

원인	만성변비로 인해 쌓인 대변이 결장을 거대화하고 연동운동이 약해짐으로써 배변하기가 더욱 어려워진다.
증상	배변하려고 해도 나오지 않는다, 설사변이 소량만 나온다, 탈수 등.
예방과 치료	항문에 손을 넣어 변을 긁어내거나 관장이나 설사로 배출시킨다. 치료식이나 물을 많이 먹여 예방한다.

변비 때문에 장이 넓어진다니, 무섭다냥~;

+ 지방간 간 리피도시스

원인	급격한 다이어트나 호르몬 이상으로 간에 지방이 과도하게 쌓여 간 기능이 저하된다. 비만 고양이에 많고 3일 이상 식사하지 못할 때는 요주의.
증상	식욕부진, 설사, 변비, 구토, 탈수, 황달 등. 중증이 되면 의식장애나 경련을 일으킨다.
예방과 치료	수액을 맞히거나 강제 급여로 영양을 공급해준다. 당뇨병 등 다른 질병이 원인인 경우에는 그 치료를 한다. 비만을 막는 것이 예방이다.

✚ 염증성 장질환

원인	중고령의 고양이에게 많은 만성 난치성 위장염. 자기면역질환의 하나로, 유전이나 음식 알레르기, 감염증이 관련되어 있다고도 하지만 원인이 불분명한 경우가 많다.
증상	식욕부진, 구토, 설사가 장기간 이어지고 쇠약해진다. 모구증으로 진단되기도 한다. 병리조직 검사로 판정한다.
예방과 치료	근본적인 치료는 할 수 없고 식이요법이나 항염증제로 증상을 억제한다.

✚ 췌장염

원인	교통사고 등으로 복부에 타격을 입거나 감염증, 위장염이 퍼져나간 것이 원인으로 췌장의 소화효소가 새어나와 췌장이나 주변 장기를 소화시킨다. 고령의 비만 고양이에 많다.
증상	식욕 저하, 설사, 탈수, 구토, 복통 등. 중증이 되면 죽음에 이른다.
예방과 치료	수액을 맞히면서 원인이 되는 질병을 치료한다.

귀

✚ 중이염 · 외이염

원인	외이염의 원인은 귀 진드기나 감염증, 이물의 침입 등이다. 외이염이나 인두염이 악화되면 중이염이 된다.
증상	귀지가 많아진다, 악취가 난다. 자주 머리를 긁거나 귀를 긁는 모습을 볼 수 있다. 평형감각에 이상이 생겨 휘청거리기도 한다.
예방과 치료	귀를 잘 씻고 투약으로 염증을 가라앉힌다. 수술이 필요한 경우도 있다. 실내에서 키우고 구충제로 감염증을 예방한다.

눈

+각막염 · 결막염

원인	검은 눈동자를 덮는 각막이나 눈꺼풀 뒤, 흰자위를 덮는 결막에 염증이 일어난다. 원인은 물리적 자극이나 감염증 등이다.
증상	눈이 간지럽다, 눈물을 흘린다, 눈곱, 충혈, 눈부심, 눈꺼풀이 붙어 눈을 뜰 수 없다, 눈꺼풀의 경련 등. 시력 저하나 실명을 초래하기도 한다.
예방과 치료	백신을 접종하고 실내에서 키움으로써 감염증을 예방한다. 점안액이나 내복약으로 치료한다. 발로 긁어 악화시키지 않도록 엘리자베스 칼라를 이용한다.

+녹내장

원인	안구 내부의 액체(안방수)가 배출되기 어려워져 안압이 높아지는 병. 종양이나 감염증, 선천성 이상이 원인이다.
증상	눈이 초록빛이 된다, 빛에 눈부셔 한다, 밝은 곳에서도 동공이 열린 채로 있다, 구토 등. 안구가 커지면 시신경이나 망막이 압박을 받아 실명이나 시력장애를 일으킨다.
예방과 치료	투약으로 안압을 낮춘다. 수술로 액체를 배출하기 쉽게 하거나 안구를 적출하기도 한다.

코

+비염 · 부비강염

원인	감염증이나 알레르기가 비강이나 부비강에 염증을 일으킨다. 만성 축농증이 되기도 한다.
증상	다량의 콧물, 발열, 호흡곤란, 재채기. 통증 때문에 만지는 걸 싫어한다. 냄새를 맡지 못해서 식욕이 저하되어 쇠약해진다.
예방과 치료	투약으로 치료한다. 비강에 튜브를 넣어 세정하기도 한다. 백신을 접종하거나 실내에서 키움으로써 감염증을 막는다.

입

✛ 구내염

원인	입안 점막에 염증이 생긴다. 감염증 등에 의한 면역 저하가 원인인 일회성과 만성인 '림프구성 형질세포성 구내염'이 있는데, 만성인 경우에는 넓은 범위가 빨갛게 부어오르는 궤양을 동반한다.
증상	식욕 저하, 구취, 침 흘림, 출혈 등. 앞발로 입을 문지르기 때문에 앞발이 더러워져 있기도 하다.
예방과 치료	원인이 되는 질병이 있다면 그 치료를 한다. '림프구성 형질세포성 구내염'에는 스테로이드가 효과적이다.

✛ 치주병

원인	치주병균이 번식하여 잇몸에 염증을 일으킨다. 세균은 혈류를 타고 온몸으로 운반되어 각 장기에 악영향을 미친다.
증상	구취, 구내염, 출혈, 이빨이 빠지는 등. 통증으로 식사를 하지 못해 야위어간다. 균이 턱뼈를 녹이고 비강이나 안와까지 침범하여 코나 눈에서 고름이 나오기도 한다.
예방과 치료	양치질로 예방한다. 치료는 마취하고 치석을 제거하거나 발치를 한다. 이빨이 없어도 식사하는 데는 지장이 없다.

악성종양(암)

✛ 림프종

원인	고양이 암 중에서 가장 많은 암. 림프조직이나 혈액 속 림프세포가 암이 되면서, 장이나 림프샘에 종양이 생기거나 백혈병을 일으킨다. 고양이 백혈병 바이러스(192쪽)의 감염이 원인 중 하나이다.
증상	암이 생긴 장소에 따라 흉수, 기침, 호흡곤란, 식욕이나 체중 저하, 구토, 설사, 복막염, 간질, 치아노제 등.
예방과 치료	항암제나 방사선 요법으로 치료한다. 백신을 접종하거나 실내에서 키움으로써 감염증을 예방하고 체중감소나 식욕부진이 보이면 검진을 받는다. 조기에 발견하려면 턱 아래나 겨드랑이에 있는 림프샘을 만져보아 부어 있는지를 확인한다.

+ 비만세포종

원인	면역세포 중 하나인 비만세포가 암이 된다. 원인은 불명. 피부에 생기는 것과 내장(비장이나 장)에 생기는 것이 있다. 9세 전후에 발병하는 일이 많다.
증상	피부형은 머리나 목에 탈모를 동반한 단단한 멍울이 생기는 경우가 많다. 내장형은 식욕부진이나 구토, 복수 등.
예방과 치료	수술로 제거한다. 방사선 치료나 화학요법을 하기도 한다. 피부형이나 비장 종양의 예후는 비교적 양호하다. 장관의 종양은 수술하기 어렵고 예후도 나쁘다. 피부를 확인하여 조기에 발견할 수 있도록 노력한다.

+ 편평상피암

원인	털이 적은 부분에 생기는 피부암. 대개 코, 귀, 눈꺼풀, 입술 등에 생긴다. 햇볕을 지나치게 쬔 것이 원인으로, 흰 털을 가진 고령묘에 많다. 담배 연기에 노출된 환경에서는 입안에 종양이 생기기 쉽다는 보고도 있다.
증상	탈모, 부스럼, 출혈 등. 낫기 힘든 상처로 보인다. 궤양이 되어 그 부분이 괴사하기도 한다.
예방과 치료	수술로 절제한다. 방사선 치료나 항암제 치료가 이루어지기도 한다. 유리창에 자외선 차단 시트를 붙이는 등 햇볕을 너무 많이 쬐지 않도록 하여 예방한다.

+ 유선종양

원인	일명 유방암. 불임수술을 받지 않은 10~12세의 암고양이에게서 많이 발병한다. 고령이나 성호르몬의 영향이 원인이며, 90%가 악성으로 전이되기 쉽고 치료한다고 해도 수개월 연명하는 것밖에 기대할 수 없다.
증상	젖꼭지 주변에 응어리나 딱지가 생긴다, 젖꼭지가 빨갛게 부어오른다, 젖꼭지에서 액체가 흘러나온다, 출혈 등
예방과 치료	종양을 수술로 절제하거나 방사선 치료 또는 화학요법을 실시한다. 1세 미만에 불임수술을 받으면 예방 효과가 높다.

고양이도 나이가 들면 암에 걸리기 쉬워진다옹~ 매일 몸을 살펴보고 정기적으로 검진받아 조기에 발견해주라냥~